よくわかる
働き方改革
人事労務はこう変わる

■日野勝吾・結城康博 編著

ぎょうせい

はじめに

　平成30年6月29日、第196回通常国会において「働き方改革を推進するための関係法律の整備に関する法律」(閣法第63号)(以下、「働き方改革関連法」という)が成立した。いよいよ労働（立）法政策の時代の幕開けである。

　働き方改革関連法は、一部の規定（例えば、同一労働同一賃金に関する規定については、大企業は平成32年4月施行、中小企業は平成33年4月施行と猶予期間を設定している）を除いて、平成31年4月1日から施行される予定である。働き方改革関連法では、働き手である労働者はもちろん、労働法務や人事労務に多大な影響を与える改正点が多々存するにもかかわらず、急ピッチで審議が進められたことなどから、その準備対応期間が大変短く、労働者や人事労務管理担当者は、早急に働き方改革関連法の全容を把握し、具体的な対応策を検討する必要があるといえる。

　さて、働き方改革関連法とは、以下に示す8本の法律について必要な一部改正を行うことを定めた法律（いわゆる「一括法」）である。平成27年4月に第189回通常国会に提出されたものの、成立しなかった「労働基準法等の一部を改正する法律案」(閣法第69号)の内容（高度プロフェッショナル制度は一部内容を修正）も含まれている（以下の①、④、⑥の法律）。なお、衆議院では12項目、参議院では47項目もの附帯決議が付されており今後、政府は附帯決議の指摘を踏まえ、改善する必要がある。

---

①労働基準法
②じん肺法
③雇用対策法
④労働安全衛生法
⑤労働者派遣事業の適正な運営の確保及び派遣労働者の保護等に関する法律（労働者派遣法）
⑥労働時間等の設定の改善に関する特別措置法（労働時間等設定改善法）
⑦短時間労働者の雇用管理の改善等に関する法律（パートタイム労働法）
⑧労働契約法

---

i

一般的に「働き方改革」という用語は、企業では労働時間短縮や多様な働き方（在宅勤務やテレワーク（Tele Work）等）のキャンペーンの一環として多義的に用いられているといえよう。各業種・職種によって様々な「働き方」がある中で、「働き方改革」の統一的な定義を見出すことは難しいといえる。企業の多くは、人材不足の対応と在職中の労働者の「働き過ぎ」をどのように解消するかという点に傾注していると考えられる。

　ところで、政府のいう「働き方改革」は、第195回国会における安倍晋三内閣総理大臣所信表明演説（平成29年11月17日）において「女性が輝く社会、お年寄りも若者も、障害や難病のある方も、誰もが生きがいを感じられる『一億総活躍社会』を創り上げ」るとしているように、「一億総活躍社会」の形成に資する一政策として「働き方改革」を位置づけている。要するに、政府の「働き方改革」は、労働法制の変革等を通して、多様な働き方を可能とすることによって「一億総活躍社会」を早期に実現し、経済成長と所得分配の好循環を図ることを念頭に置いた、ミクロ経済政策としての意味も有しているのである。

　このように「働き方改革」の定義は曖昧であるといえるが、働き方改革関連法の内容を一瞥しても「何が変わるのか」は必ずしも明らかにならない。例えば、「残業上限規制」「同一労働同一賃金」「勤務間インターバル制度」「高度プロフェッショナル制度（いわゆる「高プロ」）」「テレワーク」等々、多種多様な用語が世論において飛び交っているものの、具体的に職場でどのような影響が生じるのか判然としない。これまでの労働法制をドラスティックに変革する論議が相次ぐ政局がらみの問題等で混沌とした国会において着々と進められてきたものの、現状では、国民（労働者）にとって働き方改革関連法の具体的内容に関する基本的な理解は進んでいないといえよう。

　そもそも働き方改革関連法とは何か。働き方改革関連法成立によって職場はどのように変容するか。また、働き方改革関連法に盛り込まれた内容の他、「柔軟な働き方がしやすい環境整備」や「病気の治療と仕事の両立」、「外国人材の受入れ」等、重要な論点に対してどのように対応すべきか。本著は、こうした問いに答える形で構成し、「経済再生」と「労働者保護」の双方を追求する働き方改革関連法とその周辺領域に関する主要なポイントを中心にして、平易な

表現を用いながら解説している。

　既述の通り、働き方改革関連法は、労働法務や人事労務管理等、実務（現場）において多大な影響を及ぼすことはいうまでもない。この点を踏まえて、本著は理論と実務の架橋を目指し、研究者（社会法学（労働法・消費者法）・社会保障専攻）と実務家（弁護士・社会保険労務士）による執筆体制とした。研究者と実務家双方がコラボレーションすることにより「すぐに職場で使える」実践的な内容を目指した。

　本著の読者対象は、働き方改革関連法による適用を受ける労働者はもちろんのこと、使用者・人事労務管理担当者、実務家（法律事務所、社会保険労務士事務所等）、行政機関（労働局、労政事務所、総務部（人事担当課）等）、大学等教育機関（労働関連科目設置大学等）、各種研修（企業等の人事労務研修等）等、幅広く想定している。

　最後に、本書の刊行にあたって、御多用のところ、短期間のご執筆を快諾していただいた各執筆者の先生方へ改めて感謝申し上げたい。また、「働き方改革」を冠する著書にもかかわらず、編者による強硬な「働かせ方」に大変寛容に接していただき、その上、まさに粉骨砕身、献身的な「働き方」によって本著を法成立後まもなく世に送り出していただいた、株式会社ぎょうせいの方々に、心より厚く御礼申し上げる次第である。

　平成30年6月

日野　勝吾

結城　康博

iii

目　次

はじめに

第1章　働き方改革関連法制定に至る経緯

1　「日本再興戦略」と「働き方改革」........................1

- (1)　デフレ脱却と経済再生　　1
- (2)　日本再興戦略と雇用制度改革　　2
- (3)　少子高齢社会と労働力確保・労働生産性向上　　3
- (4)　労働法をめぐる「規制強化」と「規制緩和」(労働基準法改正案の国会提出)　　5

2　「一億総活躍社会」と「働き方改革」の具体化.................7

- (1)　「働き方改革」の具体化　　7
- (2)　「働き方」改革と「消費の仕方」改革　　8
- (3)　「働き方改革実行計画」の登場と「一億総活躍社会」の実現　　10
- (4)　「働き方改革関連法案」の審議経過　　13

第2章　働き方改革関連法の概要

1　働き方改革関連法の趣旨と目的........................19

- (1)　働き方改革関連法の主要なポイント　　20
- (2)　働き方改革関連法の目的　　22
- (3)　働き方改革の推進と基本方針の策定(労働者雇用安定・職業生活充実法)　　23

2　長時間労働の是正、多様で柔軟な働き方の実現等
（労働基準法、労働安全衛生法、労働時間等設定法)............25

- (1)　残業時間（時間外労働）の上限規制　　25
- (2)　中小事業主における月60時間超の時間外労働に対する割増賃金率の猶予措置の廃止（25％から50％への引き上げ)　　25

v

⑶　勤務間インターバル制度の導入　26

⑷　企業単位での労働時間等の設定改善に係る労使の取組促進　27

⑸　高度プロフェッショナル制度（高プロ）の導入等　28

⑹　年次有給休暇（年休）取得の義務化　30

⑺　産業医・産業保健機能の強化　32

3　雇用形態にかかわらない公正な待遇の確保（パートタイム労働法、労働契約法、労働者派遣法）..........34

⑴　不合理な待遇差を解消するための規定の整備（同一労働同一賃金）　34

⑵　使用者の非正規雇用労働者に対する正規雇用労働者との待遇の相違等に関する説明義務　36

⑶　行政による履行確保措置と裁判外紛争解決手続（行政ADR）の整備　38

4　公務員の働き方改革の現状と課題....................39

⑴　公務員の働き方　39

⑵　霞が関の働き方改革を加速するための懇談会　40

⑶　地方公共団体における多様な人材の活躍と働き方改革に関する研究会　41

⑷　まとめ　42

第3章　残業上限規制 〜長時間労働の是正〜

1　はじめに...43

2　これまでの長時間労働に関する法規制.............45

⑴　労働基準法上の労働時間法規制（法制）　45

⑵　労働時間法規制（法制）と人事労務管理（現場）との乖離　48

3　働き方改革関連法成立に伴う時間外労働（残業）の上限規制（労働基準法の一部改正）.....................49

⑴　法改正の概要（アウトライン）　49

(2) 政府による働き方改革と具体的な取組内容　50

(3) 「働き方改革実行計画」における長時間労働（残業）の上限規制
　　51

(4) 働き方改革関連法における時間外労働の上限に関する原則　52

(5) 働き方改革関連法における時間外労働の上限に関する例外　53

(6) 行政官庁による助言・指導等、その他関連する法規制　54

(7) 罰則　54

4　衆議院及び参議院厚生労働委員会による働き方改革関連法案
　　に対する附帯決議..55

5　むすびにかえて　〜今後の人事労務管理のあり方〜............63

第4章　労働時間制 〜高度プロフェッショナル制度・勤務間インターバル制度等〜

1　多様で柔軟な働き方の実現への動き...........................65

(1) 従来の労働基準法の整理　65

(2) ホワイトカラーに対する例外としての裁量労働制　66

2　多様で柔軟な働き方の実現へ
　　―高度プロフェッショナル制度の創設―......................67

(1) 裁量労働制対象業務拡大は法案から削除　67

(2) 高度プロフェッショナル制度（高プロ）（労働基準法の改正）　68

(3) フレックスタイム制の見直し　71

(4) 労働時間管理をされない管理監督者　73

3　勤務間インターバル制度の普及促進等
　　（労働時間等設定改善法）...................................74

(1) 勤務間インターバル制度の普及促進　74

(2) 企業単位での労働時間等の設定改善に係る労使の取組推進（労
　　働時間等の設定の改善に関する特別措置法の改定）　76

vii

4 産業医・産業保健機能の強化（労働安全衛生法等）............79

　⑴　健康管理等に関する勧告内容等の報告（産業医の選任義務のある労働者数50人以上の事業場）　79

　⑵　産業保健業務を適切に行うための必要な情報提供（産業医の選任義務のある労働者数50人以上の事業場）　79

5 まとめ...79

第5章　均等待遇 〜非正規雇用の処遇改善等〜

1 非正規雇用の処遇改善（同一労働同一賃金）とは何か.........85

2 どのように変わるのか（法改正の内容）...................86

　⑴　主な改正点　86

　⑵　主な改正条文と解説　87

　　①　パートタイム・有期雇用労働法2条　87

　　②　パートタイム・有期雇用労働法8条　88

　　③　パートタイム・有期雇用労働法9条　92

　　④　パートタイム・有期雇用労働法14条　93

　　⑤　労働者派遣法26条　93

　　⑥　労働者派遣法30条の3　95

　　⑦　労働者派遣法30条の4　95

　　⑧　労働者派遣法31条の2　97

　　⑨　施行期日　98

3 就労環境、就業規則はどのように変容するのか..............99

　①　現状確認　99

　②　待遇差の理由を説明できるかを検討　100

　③　職務内容、職務内容・配置の変更の範囲の見直し　100

　④　労働条件処遇の見直し　101

　⑤　就業規則の整備　104

第6章 ワーク・ライフ・バランス ～病気の治療、子育て・介護等と仕事の両立の観点から～

1 はじめに..107

2 病気の治療と仕事の両立............................107

(1) 病期の治療と仕事の両立支援の位置づけ　107
(2) 両立支援の流れ　108
(3) 両立支援のために必要な体制整備　118
(4) 事業者に対する助成金制度　120

3 子育て・介護と仕事の両立..........................121

(1) 子育て・介護と仕事の両立支援の位置づけ　121
(2) 法改正と支援制度の概要　122
(3) 事業者が取り組むべき事項、認定・登録制度　128
(4) 助成金制度　131

4 まとめ ～ワーク・ライフ・バランスの実現に向けて～.......132

第7章 柔軟な働き方 ～テレワーク等の導入に向けて～

1 はじめに..133

2 テレワークとは.....................................133

3 労働契約締結の際の注意点..........................134

(1) 労働条件明示義務との関係　134
(2) 労使間で合意しておくべきこと　135

4 労働時間規制との関係..............................136

(1) 労働時間とは　136
(2) 使用者による労働時間の適正な把握について　136

ix

⑶　テレワーク導入により想定される問題　　137

⑷　時間外労働・休日労働について　　139

⑸　休憩について　　140

5　労働基準法上の特別な労働時間との関係......140

⑴　フレックスタイム制について　　140

⑵　事業場外みなし労働時間制について　　141

⑶　裁量労働制について　　143

6　職場環境や労働者の健康配慮との関係......144

⑴　長時間労働にならないために　　144

⑵　職場の環境について　　144

⑶　労働災害の補償との関係　　145

7　実務上問題となること......146

⑴　労働時間認定の問題　　146

⑵　労災認定の問題　　146

⑶　メンタルヘルスの問題　　147

8　最後に......147

第8章　働き方改革と社会保障制度　～高齢者雇用・外国人材受入れ等に関連して～

1　社会保障制度を危ぶませる少子化......149

⑴　社会保障と雇用政策は車の両輪　　149

⑵　未婚者急増と雇用問題　　150

2　労働力不足の深層......151

⑴　売り手市場といわれるが　　151

⑵　労働力は減少傾向に　　152

3　高齢者就労の促進......152

⑴　元気高齢者を労働力の補完に　152
　⑵　年金受給開始年齢の引き上げが見え隠れ　153
　⑶　健康寿命と労働可能年齢は？　153

4　移民の議論も必要だ................................154

　⑴　外国人労働者への期待　154
　⑵　外国人技能実習制度の問題　154
　⑶　移民政策に舵を切れるのか？　155

5　子育て・介護にやさしい働き方................156

　⑴　テレワーク雇用　156
　⑵　介護離職と待機児童問題　156

6　晩産化は介護と子育てが重なる................157

　⑴　共働き社会への対応　157
　⑵　親の介護問題　157
　⑶　孫への負担　158

7　まとめ..158

　⑴　真の意味での働き方改革　158
　⑵　働き過ぎといわれてきた日本社会　159
　⑶　利便性の高い社会を省みる　159

あとがき

≪執筆者一覧≫

第1章
働き方改革関連法制定に至る経緯

1 「日本再興戦略」と「働き方改革」

　働き方改革関連法は、平成29年3月に策定された「働き方改革実行計画」に基づき、主な計画項目の具体的内容を法案化したものである。なお、働き方改革関連法には、積み残していた平成27年の労働基準法改正案の内容も含まれている。

　はじめに、政府のいう「働き方改革」とは、経済再生・成長戦略のための「働き方改革」（アベノミクス的雇用改革）なのか、それとも労働者のための「働き方改革」（労働者保護施策）なのか。

　この点に主眼を置きながら、本章では、働き方改革関連法をめぐるこれまでの議論状況と背景事情を見てみよう。

(1)　デフレ脱却と経済再生

　「強い経済は、日本の国力の源」であり、「強い経済の再生なくして財政再建も日本の将来はない」。

　平成24年12月に第2次安倍晋三内閣が発足して以降、政府は喫緊の課題であるデフレや円高からの脱却を目指して、「次元の違う大胆な政策パッケージ」を展開してきた。「強い経済」を取り戻すために、経済再生の司令塔として「日本経済再生本部」を設置し、民主党政権下（国家戦略室）で事実上運営が停止していた「経済財政諮問会議」も再開させて、経済財政政策の具体的施策を進めてきた。

　そして、大胆な金融政策（第1の矢）、機動的な財政政策（第2の矢）、そして民間投資を喚起する成長戦略（第3の矢）という、アベノミクス「三本の矢」による経済再生に向けた方針に基づいて様々な政策が展開されてきたのである。

第1章　働き方改革関連法制定に至る経緯

　この「三本の矢」のうち、デフレ・マインドを一掃するための金融政策（第
1の矢）と財政政策（第2の矢）は早い段階で矢が放たれた効果も生じて、株
価、経済成長率、企業業績、雇用等、多くの経済指標において改善を見せ始め、
可視的に成果の一部が表れることになる。その一方、残りの矢、すなわち、ア
ベノミクスの本丸である成長戦略（第3の矢）については、前出の日本経済再
生本部がこれを担ってきた。日本経済再生本部は、経済の再生に向けて、経済
財政諮問会議との連携の下、必要な経済対策の実施や成長戦略の実現のための
司令塔の位置づけである。例えば、「未来への投資」の拡大に向けた成長戦略
と構造改革の加速化について審議する「未来投資会議」を開催したり、自動走
行の社会実装のための「自動走行に係る官民協議会」を開催するなど、日本経
済再生本部は経済再生を目的として、企業が持つシーズ（Seeds）と国民、消
費者が求めるニーズ（Needs）をつなぐ必要な制度・インフラの整備を促進し
てきた。

⑵　日本再興戦略と雇用制度改革

　そうした中で、平成25年6月、政府は「日本再興戦略－JAPAN is BACK－」
を閣議決定し、その後、「日本再興戦略改訂2014－未来への挑戦－」「日本再興
戦略改訂2015－未来への投資・生産性革命－」「日本再興戦略2016－第4次産
業革命に向けて－」と改定が毎年続いた後、平成29年6月には「未来投資戦
略2017－Society 5.0の実現に向けた改革－」が閣議決定されている。

　この「未来投資戦略2017－Society 5.0の実現に向けた改革－」は、革新的
技術を活かして新たな需要の創出と生産性革命をもたらすことを目標に設定
し、一人一人のニーズに合わせたサービス提供によって社会課題を解決する
「Society 5.0（ソサエティ5.0）」を実現することを目指している。政府による
と、Society 5.0とは、「狩猟社会」「農耕社会」「工業社会」「情報社会」に続く、
人類史上5番目の新しい社会を指し、IoT（Internet of Things）、ロボット、人
工知能（AI：Artificial Intelligence）、ビッグデータといった先端技術をあらゆ
る産業や社会生活に取り入れ、経済発展と社会的課題の解決を両立していく新
たな社会と定義づけしている。

　さて、このように成長戦略（第3の矢）については、経済再生のために先端

技術や技術革新を国内外に拡げていく政策である。そうした政策の背景事情には、我が国の技術を支える労働者はもちろん、経済再生にあたっては「人材こそが我が国の大の資源」との考えの下、雇用制度改革や人材力の強化が成長戦略の一つとして掲げられた。前出「日本再興戦略 – JAPAN is BACK –」（29頁）によると、「経済のグローバル化や少子高齢化の中で、今後、経済を新たな成長軌道に乗せるためには、人材こそが我が国の大の資源であるという認識に立って、働き手の数（量）の確保と労働生産性（質）の向上の実現に向けた思い切った政策を、その目標・期限とともに具体化する必要がある。このため、少子化対策に直ちに取り組むと同時に、20歳から64歳までの就業率を現在の75％から2020年までに80％とすることを目標として掲げ、世界水準の高等教育や失業なき労働移動の実現を進める一方で、若者・女性・高齢者等の活躍の機会を拡大する。これにより、全ての人材が能力を高め、その能力を存分に発揮できる「全員参加の社会」を構築する」と謳われている。ここでいう「全員参加の社会」というキーワードは、後述する「一億総活躍社会」に取って代わられることになるが、いずれにせよ「一億総活躍社会」の形成に資する雇用（労働）政策として「働き方改革」を位置づけている証左といえよう。

　また、雇用制度改革や人材力の強化については、「日本再興戦略 – JAPAN is BACK –」によると、具体的に、①行き過ぎた雇用維持型から労働移動支援型への政策転換（失業なき労働移動の実現）、②民間人材ビジネスの活用によるマッチング機能の強化、③多様な働き方の実現、④女性の活躍推進、⑤若者・高齢者等の活躍推進、⑥大学改革、⑦グローバル化等に対応する人材力の強化、⑧高度外国人材の活用が指摘されている。とりわけ、上記の③多様な働き方の実現の指摘は、個人がそれぞれのライフスタイルや希望に応じて、社会での活躍の場を見出せるよう、また、柔軟で多様な働き方が可能となるように諸制度の見直し等の着手を意味していた。こうした方向性は最終的に働き方改革関連法にもつながることになる。

⑶　少子高齢社会と労働力確保・労働生産性向上

　先述の通り、成長戦略（第3の矢）の具体的な施策項目として「多様な働き方の実現」が「日本再興戦略 – JAPAN is BACK –」に盛り込まれて以降、

第1章　働き方改革関連法制定に至る経緯

年々具体化されるに至る。平成26年6月の「日本再興戦略」改訂2014－未来
への挑戦－」（8頁）では、正式に「働き方改革」という旗印を掲げ、「担い手
を生み出す～女性の活躍促進と働き方改革」と題して具体的な方針を次の通
り定めている。

　すなわち、「人口減少社会への突入を前に、女性や高齢者が働きやすく、ま
た、意欲と能力のある若者が将来に希望が持てるような環境を作ることで、い
かにして労働力人口を維持し、また労働生産性を上げていけるかどうかが、日
本が成長を持続していけるかどうかの鍵を握っている。」「多様な正社員制度の
普及・拡大やフレックスタイム制度の見直しに加えて、健康確保や仕事と生活
の調和を図りつつ、時間ではなく成果で評価される働き方を希望する働き手の
ニーズに応える、新たな労働時間制度を創設する」としている。

　我が国の少子高齢社会の突入に伴い、労働力確保・労働生産性向上を図るこ
とを目的として、長期（終身）雇用システムを見直し、柔軟で多様な働き方を
促進するため、労働法制の規制緩和を行うスタンスを徐々に垣間見せ始めるこ
とになる。現に生産年齢人口は減少の一途を辿っている（**図表1及び図表2**）。

図表1　生産年齢人口と総人口の長期推移

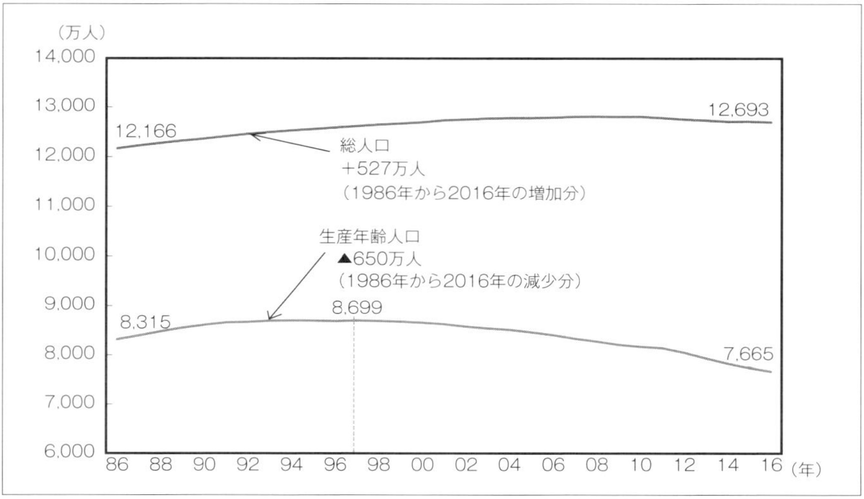

出所：総務省「労働力調査」及び「人口推計」

図表2　生産年齢人口の推移

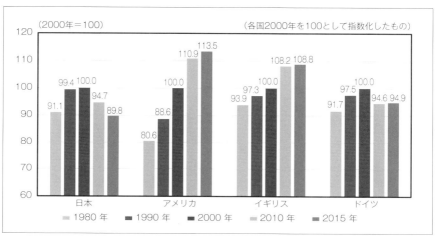

出所：国連「世界人口推計　2015年改訂版」

そして、「日本再興戦略」改訂2014－未来への挑戦－」の「働き方改革の実現」の具体的な項目（35頁以下）は、①働き過ぎ防止のための取組強化、②時間ではなく成果で評価される制度への改革、③裁量労働制の新たな枠組みの構築、④フレックスタイム制の見直し、⑤職務等を限定した「多様な正社員」の普及・拡大、⑥持続的な経済成長に向けた最低賃金の引上げのための環境整備等が挙げられている。

(4) 労働法をめぐる「規制強化」と「規制緩和」（労働基準法改正案の国会提出）

前述の成長戦略の位置づけとしての「働き方改革の実現」の政府の方針を踏まえて、平成27年4月、労働基準法等の一部を改正する法律案を第189回通常国会に提出した。

労働基準法等の一部を改正する法律案は、これまでの日本再興戦略で示された項目に基づいており、以下の7点（ア～キ）が改正法のポイントであったといえる。

ア　中小企業における月60時間超の時間外労働への割増賃金率の適用猶予

廃止

　月 60 時間を超える時間外労働に関する割増賃金率（50％以上）について、中小企業への猶予措置を廃止する。

イ　健康確保のために時間外労働に対する指導の強化

　時間外労働に関する行政官庁の助言指導に当たり、「労働者の健康が確保されるよう特に配慮しなければならない」旨を規定する。

ウ　年次有給休暇の取得促進

　使用者は、年 10 日以上の年次有給休暇が付与される労働者に対し、そのうちの 5 日について、毎年、時季を指定して与えなければならないこととする。ただし、労働者の時季指定や計画的付与により取得された年次有給休暇の日数分については時季の指定は要しないこととする。

エ　フレックスタイム制の見直し

　フレックスタイム制の「清算期間」の上限を 1 か月から 3 か月に延長する。併せて、1 か月当たりの労働時間が過重にならないよう、1 週平均 50 時間を超える労働時間については、当該月における割増賃金の支払い対象とする。

オ　企画業務型裁量労働制の見直し

　企画業務型裁量労働制の対象業務に「事業運営に関する事項について企画、立案調査及び分析を行い、その成果を活用して裁量的に PDCA を回す業務」と「課題解決型提案営業」とを追加するとともに、対象者の健康・福祉確保措置の充実等の見直しを行う。

カ　特定高度専門業務・成果型労働制（高度プロフェッショナル制度）の創設

　職務の範囲が明確で一定の年収要件（少なくとも 1,000 万円以上）を満たす労働者が、高度な専門的知識を必要とする等の業務に従事する場合に、健康確保措置等を講じること、本人の同意や委員会の決議などを要件として、労働時間、休日、深夜の割増賃金等の規定を適用除外とする。

　また、制度の対象者について、在社時間等が一定時間を超える場合には、事業主は、その労働者に対し、必ず医師による面接指導を実施しな

ければならないこととする（労働安全衛生法改正）。

キ　企業単位での労使の自主的な取組の促進

　　　企業単位での労働時間等の設定改善に関する労使の取組を促進するため、企業全体を通じて設置する労働時間等設定改善企業委員会の決議をもって、年次有給休暇の計画的付与等に関する労使協定に代えることができることとする（労働時間等の設定の改善に関する特別措置法改正）。

　しかしながら、こうした労働基準法等の一部を改正する法律案は、種々の政治的な情勢等によって頓挫して、結局のところ成立しなかった。しかし、成長戦略（第3の矢）に立脚しながら、政府が「岩盤規制」とも指摘する労働法上の規制強化と規制緩和を織り交ぜた改正法案ではあったものの、こうした改正法案は後に政府による働き方改革の方針とともに、働き方改革関連法の要に位置づけられることになるのである。

2　「一億総活躍社会」と「働き方改革」の具体化

⑴　「働き方改革」の具体化

　その後も、政府による働き方改革をめぐる労働（立）法政策はますます熱を帯びることになる。世間の耳目を集めた大手広告代理店社員による過労自殺が発生した平成27年の6月に閣議決定された「日本再興戦略改訂2015 - 未来への投資・生産性革命 - 」（14頁）では、残業規制、長時間労働の是正に関わる論点も付加されることになる。

　すなわち、「長期的な視点に立った総合的な少子化対策を進めつつ、当面の供給制約への対応という観点からは、労働生産性の向上により稼ぐ力を高めていくことが必要である。その際、何よりもまず重要なことは、長時間労働の是正と働き方改革を進めていくことが、一人一人が潜在力を最大限に発揮していくことにつながっていく、との考え方である。長時間労働の是正と働き方改革は、労働の『質』を高めることによる稼ぐ力の向上に加え、育児や介護等と仕事の両立促進により、これまで労働市場に参加できなかった女性の更なる社会進出の後押しにもつながり、質と量の両面から経済成長に大きな効果をもたら

す」とされた。経済再生・成長戦略のための「働き方改革」の色彩が強く出ていると評価せざるを得ないであろう。

　続いて、平成28年6月に閣議決定された「日本再興戦略2016－第4次産業革命に向けて－」（197頁）では、働き方改革関連法の大まかな全容が明らかになるとともに、全体の骨格（フレーム）が出現することになる。

　つまり、①生産性の高い働き方の実現、②高度プロフェッショナル制度の早期創設、③同一労働同一賃金の実現等、④長時間労働の是正（労働基準法の執行の強化、時間外労働規制の在り方の再検討、企業の自主的な取組の促進、国家公務員の取組促進、全国的なワーク・ライフ・バランス運動の展開等）、⑤持続的な経済成長に向けた賃金・最低賃金の引上げのための環境整備の5点が示されることになる。

　そして、平成29年6月に閣議決定された「未来投資戦略2017－Society 5.0の実現に向けた改革－」（95頁）では、「生産性・イノベーション力の向上につながる働き方の促進」と題し、①多様で柔軟な働き方の実現、②賃金引上げと労働生産性向上、③経営戦略としてのダイバーシティの実現、④女性活躍の更なる促進、⑤若者や就職氷河期世代の活躍支援、⑥障害者等の就労促進等が盛り込まれている。その他、労働市場の活性化等も示される一方、働き方改革による休暇取得の促進策の一環として、消費マインドの喚起策として「プレミアムフライデー」の普及に向けた官民連携等、「労働」と「消費」の好循環を目指したライフスタイルの変革も指摘している。

　なお、今日、労働社会はもちろんのこと、消費社会も同じく「持続可能性」が問われている。国際的にも国際連合2030アジェンダ「持続可能な開発目標（SDGs：Sustainable Development Goals）」をはじめとして、持続可能性ある社会形成が求められており、労働者として、また消費者として、持続可能性ある社会に向けて「働き方改革」はどうあるべきかを検討する必要があろう。

⑵　「働き方」改革と「消費の仕方」改革

　我々の働き方を考えるにあたって、日常生活において、「労働」と「消費」は密接不可分な関係にあることを指摘しておきたい。働き方改革は消費行動の改革でもある。つまり、「労働者」でもある「消費者」が、生産者や労働者を

2 「一億総活躍社会」と「働き方改革」の具体化

想起しながら持続可能な消費行動を進めることが働き方改革にとって重要な要素である。こうした視点は、近時、消費者庁等によって倫理的（エシカル）消費や持続可能な消費として取り扱われている。

　例えば、インドのムンバイ、バングラデシュのダッカ等の縫製工場で製品化される衣料は、消費者が1着当たり50セント（約57円）多く支払えば、工場労働者の給与は5倍にできるという試算もされ、また、労働災害の抑止等、労働環境の安全性確保にもつながるという（The Asahi Shimbun GLOBE 平成29年11月号2頁以下）。さらに、我々がインターネット取引を通して、消費者が店舗に出向くことなく自宅で商品等を手に入れることができる今日において、消費者がそうした流通に至る過程を知り、その妥当性を確認することはもちろんのこと、当該事業者の労働者の「働き方」（労働環境や労働条件）をも考慮して消費行動（商品選択）を行うことが、今後ますます求められよう。

　この点、グローバルな観点からも、労働（者）と消費（者）は相互に、かつ、密接に連関しているし、消費者の商品等の選択にとっては、契約上の表示や勧誘行為による情報提供に加え、社会的責任投資（Socially responsible investment）やESG（Environment, Social, Governance）投資のように、製造工程や就労実態等の情報開示も商品等の選択にとって重要な要素になってくる。

　また、労働者と消費者が対立する局面は他にも存するといってよい。例えば、従業員（労働者）が顧客（消費者）から暴言等のクレーム等の迷惑行為を受ける場合である。UAゼンセン（全国繊維化学食品流通サービス一般労働組合同盟）をはじめとした労働組合側は、消費者からの不当な要求やハラスメントまがいの被害の未然防止やクレーム行為による経営損失を減らしたり、労働者の精神衛生確保につなげたりすることを目的としてガイドライン（指針）を策定するなどして対策を講じている。消費者が労働者に対して無理な「働き方」に追い込むという、いわば輪廻している社会的事象を確認することができる。

　消費者教育の推進に関する法律2条2項にいう消費者市民社会の形成の一環としても、労働と消費の表裏一体性や持続可能な労働・消費を意識させることが重要であろう。前記の2015年9月の国連サミットで採択された「持続可能な開発のための2030アジェンダ」（SDGs）では、2016年から2030年までの国

9

第1章　働き方改革関連法制定に至る経緯

際目標として、持続可能な世界を実現するための17のゴール・169のターゲットが定められている。特に、「目標8（経済成長と雇用）包摂的かつ持続可能な経済成長及びすべての人々の完全かつ生産的な雇用と働きがいのある人間らしい雇用（ディーセント・ワーク）を促進する。」こと、並びに「目標12（持続可能な生産と消費）　持続可能な生産消費形態を確保する。」とされ、雇用（労働）と消費に関しても、持続可能な取組みを促進させると謳っている（詳細については、国際連合持続可能な開発ホームページを参照（https://sustainabledevelopment.un.org/sdgs））。

　我々は「労働者」であり、「消費者」である。事業者が消費者に対して供給する商品等の多くは、事業者（使用者）の指揮命令下に置かれて就労する労働者の手によって成り立っている。つまり、こうした事情等に鑑みれば、「働き方」改革を考えるにあたっては、消費者としての我々が「消費の仕方」改革を意識的に進めることが不可欠である。労働者でもあり、消費者でもある「生活者」（具体的人格を有する自然人（市民））として、大局的に「働き方改革」を検討することも急務であろう。

(3)　「働き方改革実行計画」の登場と「一億総活躍社会」の実現

　上述の通り、当初、成長戦略の一つとして位置づけられた、「多様な働き方の実現」は、その後、「働き方改革の実現」に変貌し、「規制強化」と「規制緩和」が織り交ざった具体的な立法政策へと遂げていった。また、「日本再興戦略－JAPAN is BACK－」の旗印であった「全員参加の社会」の構築から「一億総活躍社会」の構築へと看板替えがなされ、働き方改革を通してこれを達成することを第一義的に標榜するに至った。

　したがって、「はじめに」にて述べた通り、働き方改革関連法の沿革を辿るとするならば、平成27年4月に第189回通常国会に提出されたものの、結果として成立しなかった平成27年の労働基準法一部改正法案（「労働基準法等の一部を改正する法律案」（閣法第69号））の内容以外は「一億総活躍社会」がその淵源となっている。

　平成27年9月の自由民主党総裁選挙において安倍晋三総理大臣は、再選を果たし、アベノミクスは第2ステージに移ったとして、「新3本の矢」を打ち

出した。

「新3本の矢」とは、第1の矢は「希望を生み出す強い経済」、第2の矢は「夢をつむぐ子育て支援」、第3の矢は「安心につながる社会保障」である。こうした「新3本の矢」を実現するために、「一億総活躍社会」の構築が不可欠とされて「働き方改革」も再びクローズアップされたのである。

なお、第195回国会における安倍晋三内閣総理大臣所信表明演説（平成29年11月17日）にて、「女性が輝く社会、お年寄りも若者も、障害や難病のある方も、誰もが生きがいを感じられる『一億総活躍社会』を創り上げます」と述べ、包摂され活躍できる社会、生きがいを感じることができる社会、「成長と分配の好循環」を生み出す新たな経済社会システムの構築といった点を主な目的として、具体的な展開がなされてきた。例えば、大学改革や高齢者雇用等が論議されている「人生100年時代構想会議」等が開催されている。

「一億総活躍社会」に関する具体的な審議状況等を見てみよう。平成27年10月に安倍晋三総理大臣の私的諮問機関「一億総活躍国民会議」が設置され、平成28年1月、第190回国会における安倍晋三内閣総理大臣施政方針演説において「同一労働同一賃金の実現に踏み込む考えであります」と明言し、同一労働同一賃金の実現を目指すとした。同年3月、厚生労働省に「同一労働同一賃金の実現に向けた検討会」が設置され、法整備に関する各論点について踏まえるべき議論の前提、ありうる選択肢やその利害得失等の論点整理という形で急ピッチにより報告書が示された。なお、平成28年12月には検討状況等を踏まえて「同一労働同一賃金ガイドライン案」が公表されている（後掲の**図表13**を参照）。

これらを受けて、平成28年6月、「ニッポン一億総活躍プラン」が閣議決定された。この点、成長と分配の好循環を形作っていくためには、新三本の矢に加えて横断的課題である働き方改革と生産性向上の重要課題に取り組んでいくことが必要との背景事情があった。この「ニッポン一億総活躍プラン」は、アベノミクスの第2ステージとして少子高齢化の問題に真正面から立ち向かうこととし、社会政策ではなく成長戦略として、「誰もが活躍できる、全員参加型の社会」を目指すとした。「最大のチャレンジは働き方改革である」と位置づけて、一億総活躍社会の実現に向けた横断的課題である働き方改革の方向とし

第1章　働き方改革関連法制定に至る経緯

て、①同一労働同一賃金の実現等、非正規雇用の待遇改善、②長時間労働の是正、③高齢者の就労促進の3点にフォーカスして具体的な検討が進められた。

　その後、平成28年9月、安倍晋三総理大臣の私的諮問機関「働き方改革実現会議」が設置された。この会議は、働き方改革の実現を目的とする実行計画の策定等を審議するために設置された。安倍晋三総理大臣と現場との意見交換会や建設業・自動車運送事業の働き方改革の検討等が行われ、平成29年3月に「働き方改革実行計画」が策定された。「働き方改革実行計画」は働き方改革関連法に重要な影響を与えたといえる。

　この「働き方改革実行計画」の全体像は、大別すると、①同一労働同一賃金など非正規雇用の処遇改善、②賃金引上げと労働生産性向上、③罰則付き時間外労働の上限規制の導入など長時間労働の是正、④柔軟な働き方がしやすい環境整備、⑤女性・若者の人材育成など活躍しやすい環境整備、⑥病気の治療と仕事の両立、⑦子育て・介護等と仕事の両立、障害者の就労、⑧雇用吸収力、付加価値の高い産業への転職・再就職支援、⑨誰にでもチャンスのある教育環境の整備、⑩高齢者の就業促進、⑪外国人材の受入れに細分類される。

　要するに、労働者の視点に立った働き方改革を標榜しつつ、日本経済再生に向けて、労働法制の抜本改革を行い、企業文化や風土も含めて変革するところに主眼を置いているといえる（**図表3**）。

　つまり、働き方改革実行計画の論理プロセスはこうである。技術革新の進展や民間投資を喚起するなどの政策の他、少子高齢社会に突入し、労働人口が減少することなどから、労働生産性を改善させることが経済再生に直結すると説く。そのためには、一億総活躍社会を目指し、労働者一人一人がより良い将来の展望を持ち得るようにする必要が生じる。現状では、働きたくても働くことができない人がいれば、働き過ぎの人もおり、過労死、過労自殺に至る人もいる。また、正規・非正規雇用の格差も拡大の一途を辿っている。そうした現状認識に基づき、労働法制や企業風土を変革し、労働現場での不公平感を是正し、誰もが就労意思があれば労働現場で活躍できる社会を形成する必要がある。こうした社会形成が可能となれば、生産性向上の成果を働く人に分配することで、賃金の上昇、需要の拡大を通じた成長を図る「成長と分配の好循環」が生まれる。そうすれば、人々が人生を豊かに生きていく、中間層が厚みを増し、

2 「一億総活躍社会」と「働き方改革」の具体化

図表3　働き方改革実行計画の視点

働く人の視点に立った働き方改革の意義（基本的考え方）

- 日本経済再生に向けて、**最大のチャレンジは働き方改革**。働く人の視点に立って、労働制度の抜本改革を行い、企業文化や風土も含めて変えようとするもの。**働く方一人ひとりが、より良い将来の展望を持ち得るようにする。**
- 働き方改革こそが、**労働生産性を改善するための最良の手段**。生産性向上の成果を働く人に分配することで、賃金の上昇、需要の拡大を通じた成長を図る「成長と分配の好循環」が構築される。社会問題であるとともに経済問題。
- 雇用情勢が好転している今こそ、労政使が3本の矢となって一体となって取り組んでいくことが必要。これにより、人々が人生を豊かに生きていく、**中間層が厚みを増し、消費を押し上げ、より多くの方が心豊かな家庭を持てる**ようになる。

経済社会の現状	日本の労働制度と働き方にある課題	
・4年間のアベノミクスは、大きな成果を生み出した。 ✓ [名目GDP]47兆円増加、9％成長 ✓ [賃上げ]ベースアップが4年連続で実現しつつある ✓ [有効求人倍率]25年ぶりの高水準、史上初めて47全ての都道府県で1倍超。 ✓ [正規雇用]26か月連続で前年を上回る勢い。 ✓ [相対的貧困率]足元で減少、子供の相対的貧困率は初めて減少に転じた。 ・他方、個人消費や設備投資といった民需は、持ち直しつつあるものの、足踏みがみられる。 ・経済成長の隘路の根本は、人口問題という構造的な問題に加え、イノベーションの欠如による生産性向上の低迷、革新的技術への投資不足。 ・日本経済の再生を実現するためには、投資やイノベーションの促進を通じた付加価値生産性の向上と、労働参加率の向上を図ることが必要。 ・一億総活躍の明るい未来を切り拓くことができれば、少子高齢化に伴う様々な課題も克服可能。	正規、非正規の不合理な処遇の差　＝　正当な処遇がなされていないという気持ちを「非正規」労働者に起こさせ、頑張ろうという意欲をなくす。	
	世の中から「非正規」という言葉を一掃していく	正規と非正規の理由なき格差を埋めていけば、自分の能力を評価されているという納得感が醸成。納得感は労働者が働くモチベーションを誘引するインセンティブとして重要。それによって労働生産性が向上していく。
	長時間労働　＝　健康の確保だけでなく、仕事と家庭生活との両立を困難にし、少子化の原因や、女性のキャリア形成を阻む原因、男性の家庭参加を阻む原因。	
	長時間労働を自慢するかのような風潮が蔓延・常識化している現状を変えていく	長時間労働を是正すれば、ワーク・ライフ・バランスが改善し、女性や高齢者も仕事に就きやすくなり、労働参加率の向上に結びつく。経営者は、どのように働いてもらうかに関心を高め、単位時間（マンアワー）当たりの労働生産性向上につながる。
	単線型の日本のキャリアパス　ライフステージに合った仕事の仕方を選択しにくい。	
	単線型の日本のキャリアパスを変えていく	転職が不利にならない柔軟な労働市場や企業慣行を確立すれば、自分に合った働き方を選択し自らキャリアを設計可能。付加価値の高い産業への転職・再就職を通じて国全体の生産性の向上にも寄与。

出所：首相官邸ホームページ

消費を押し上げ、より多くの方が心豊かな家庭を持てるようになり、出生率の改善、少子化も歯止めをかけることができる。こうした循環的スキームを構成するスポーク（輻）が「働き方改革」である。だからこそ、政府は一貫して「働き方改革は最大のチャレンジ」として位置づけて、中核的な論点として議論を進めてきたのである。

(4) 「働き方改革関連法案」の審議経過

平成29年9月15日、厚生労働省の労働政策審議会（労政審）は、「働き方改革を推進するための関係法律の整備に関する法律案要綱」を厚生労働大臣に対して答申した。その後、平成30年4月、第196回通常国会にて「最重要法案」とされた働き方改革関連法案（「働き方改革を推進するための関係法律の整備に関する法律案」（閣法　第63号））が衆議院に提出された。政府が第196回通常国会において最重要法案と位置づけた働き方改革関連法案であったが、政治

第1章 働き方改革関連法制定に至る経緯

的な情勢が影響するなどして実体的な審議が大幅に遅延し、法案の行方も不透明な状況が続いた。

　また、働き方改革関連法案の主要な論点であった、裁量労働制の対象拡大（企画業務型裁量労働制の対象業務に「課題解決型の開発提案業務」等を追加する改正内容）について、審議に関する基礎資料に不適切なデータがあったことが発覚した。つまり、厚生労働省労働基準局の実施した「平成25年度労働時間等総合実態調査」において、裁量労働制で働く労働者の労働時間について、1日の労働時間が「1時間以下」となっていたことなど異常な数値が数十ヵ所の事業場で発生していたのであった。このように裁量労働制の実態・現状を反映していないことが明らかとなり、その結果、裁量労働制の対象拡大については、働き方改革関連法案から全面削除することとなった。

　なお、野党は働き方改革関連法案の対案を策定していた。例えば、民進党や希望の党は「働き方改革対案パッケージ」として、「裁量労働制の適用拡大」を防ぐため規制を強化するとともに、「高度プロフェッショナル制度（残業代ゼロ制度）」を削除し、残業時間の上限規制の導入とその実効性の担保等を明記している。また、立憲民主党も高度プロフェッショナル制度を削除すること、時間外労働の上限規制を月80時間に限定すること、終業から始業までの間に一定の休息を設ける勤務間インターバル制度について少なくとも11時間を置くこと等の対案を提案した。

　このように働き方改革関連法案について、野党は高度プロフェッショナル制度の導入に反対するなどしたものの、衆議院厚生労働委員会の審議の後、平成30年5月31日の衆議院本会議で自民、公明両党と日本維新の会等の賛成多数で可決された。その後、参議院も厚生労働委員会の審議の後、自民党、公明党、日本維新の会等の賛成多数で可決したことから、平成30年6月29日、参議院本会議で働き方改革関連法は成立した。戦後の労働基準法制定以来、70年ぶりの労働法制の大改革といっても過言ではなかろう（図表4）。

　なお、衆議院及び参議院の厚生労働委員会は、働き方改革関連法案をめぐる審議を通して、要望や監督指導の徹底等について、附帯決議を付している。衆議院の厚生労働委員会では、12項目、一方、参議院の厚生労働委員会では47項目が可決されている。

2 「一億総活躍社会」と「働き方改革」の具体化

図表4-1 働き方改革関連法による主な改正内容

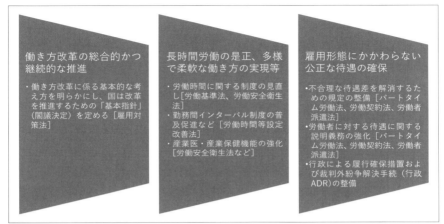

筆者作成

図表4-2 働き方改革関連法の主な内容と施行期日

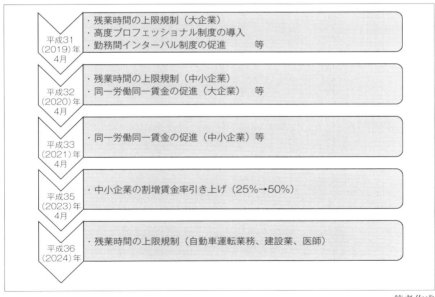

筆者作成

第1章　働き方改革関連法制定に至る経緯

　衆議院の厚生労働委員会で可決された附帯決議では、以下概括的に示しておきたい。

　すなわち、①働き過ぎによる過労死等を防止するため、労働基準監督署による違法な長時間労働に対する指導監督の徹底、三六協定を締結した場合であっても、時間外労働等が短くなるよう、指針に基づく助言及び指導を実施すること、②時間外労働の上限規制の適用が猶予される業務について労働時間の短縮を図り、上限規制の適用に向けた環境の整備を進めること（特に、自動車運転業務）、③労働基準監督署が事業主に対する法令の一層の周知に取り組み、丁寧な助言指導等を行うこと、④中小企業・小規模事業者における働き方改革の確実な推進を図る観点から、予算・税制・金融を含めた支援措置の拡充に向けた検討に努め、規模や業態に応じたきめ細かな対策を講ずること、⑤地域の実情に即した働き方改革を進めるため、地方公共団体や中小企業団体等を構成員として設置される協議会の効果的な運用を図ること、⑥医師の働き方改革について、地域における医療提供体制全体の在り方に対する視点も大切にしながら検討を進めること、⑦勤務間インターバル制度は、労務管理に係るコンサルティングの実施等により、各事業場の実情に応じた形で導入が進むように環境整備に努めること、⑧労働時間の状況の的確な把握、長時間労働者に対する医師による面接指導及びその結果を踏まえた適切な措置が円滑かつ着実に実施されるよう必要な措置を講ずること、⑨高度プロフェッショナル制度の対象となる労働者の健康確保を図るため、労働基準監督署は、使用者に対して、働く時間帯の選択や時間配分に関する対象労働者の裁量を失わせるような過大な業務を課した場合や、新設される規定に基づき対象労働者が同意を撤回した場合には制度が適用されないことを徹底し、法定の健康確保措置の確実な実施に向けた指導監督を適切に行うこと、⑩裁量労働制について、労働時間の状況や労使委員会の運用状況等、現行制度の施行状況をしっかりと把握した上で、制度の趣旨に適った対象業務の範囲や働く方の裁量と健康を確保する方策等について、労働政策審議会において検討を行うこと、⑪管理監督者など労働者の実態について調査すること、⑫パートタイム労働法等の改正は、同一企業・団体におけるいわゆる正規雇用労働者と非正規雇用労働者の間の不合理な待遇差の解消を目指すものであることを丁寧に周知・説明を行うこと、以上12点であった。

他方、衆議院の厚生労働委員会で可決された附帯決議では、全47項目であるが、簡単にまとめるとすれば、高度プロフェッショナル制度に関する項目が13項目であり、高度プロフェッショナル制度の乱用を防止するための措置（労働基準監督署の立ち入り調査や労使委員会の決議が有効期間を定め、自動更新を認めないようにする等の省令規定の要望等）を講ずるなどの内容が占めている。その他、個別の職種に関わる働き方改革にも踏み込み、教員の勤務実態を鑑みた労働時間管理や法令遵守の徹底やパワーハラスメントの防止対策を講じること、副業・兼業・雇用類似者等の多様な就業形態や働き方の多様化を踏まえた労働者の健康確保等が盛り込まれている。

　こうした付帯決議を十分考慮して、今後は、労働実態を十分検証の上、各種省令や労働行政による指導監督の強化が求められよう。

【参考文献】
- 首相官邸ホームページ「働き方改革の実現」
 （http://www.kantei.go.jp/jp/headline/ichiokusoukatsuyaku/hatarakikata.html）
- 厚生労働省ホームページ「『働き方改革』の実現に向けて」
 （http://www.mhlw.go.jp/stf/seisakunitsuite/bunya/0000148322.html）
- 日野勝吾「雇用契約・労働契約と消費者契約」東洋法学61巻3号247頁以下（2018年）

第2章
働き方改革関連法の概要

1 働き方改革関連法の趣旨と目的

　前章では、働き方改革関連法をめぐるこれまでの議論状況と背景事情を確認した。既述の通り、働き方改革関連法は政府による成長戦略の一環として、働き方改革実行計画に基づき「規制強化」と「規制緩和」を織り交ぜている。また、成立が見送られた労働基準法改正部分と働き方改革実行計画に基づいた法案化した部分が一本化され、抱き合わせた形で働き方改革関連法が成り立っている。それぞれの部分は法制定に至るプロセスの経緯や審議状況をはじめとして、各条文の趣旨・目的も異なるといってよい（図表5）。

　この点を踏まえながら、本章では、働き方改革関連法の内容等について概括

図表5　働き方改革関連法の内容

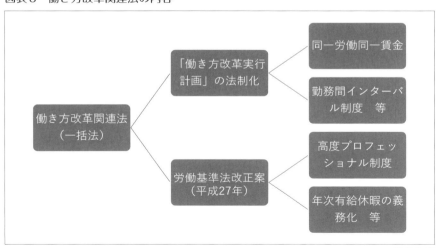

筆者作成

第2章　働き方改革関連法の概要

的に説明することにする。なお、主な各改正点等の詳細に関しては各章を一読されたい。

(1)　働き方改革関連法の主要なポイント

働き方改革関連法は、先述の通り、過去に成立が見送られた労働基準法改正部分と働き方改革実行計画に基づいた法案化された部分によって成り立っている。

残業上限規制は、過労死・過労自殺やうつ病につながる長時間労働の是正を目指すものであり、罰則が付され、年720時間、1カ月では休日出勤も含めて、繁忙期でも100時間未満と上限を設定し、月45時間を超える場合には年に6カ月、平均80時間を限度と規定する。

これまでは時間外・休日労働に関する協定（三六協定 – 労働基準法第36条は、法定の労働時間を超えて労働させる場合、または、法定の休日に労働させる場合には、あらかじめ労使で書面による協定を締結し、これを所轄労働基準監督署長に届け出ることが必要とされている）を締結し、厚生労働省「時間外労働の限度に関する基準」（平成10年労働省告示第154号）に基づき、延長時間の限度が設定されていた。とはいえ、事実上、これまでの長時間労働は青天井であったことなどから、労働基準法制定以来の初めて法定の上限を定めることとなった。

なお、既述の通り、裁量労働制の対象拡大については、審議に関する基礎資料に不適切なデータがあったことが発覚した問題を受けて法案上、削除された。しかしながら、現行の裁量労働制、具体的には、専門的な職種の労働者について労使協定によりみなし時間制を実施する「専門業務型」及び経営の中枢部門で企画・立案・調査・分析業務に従事する労働者に関し、労使委員会の決議によって実施する「企画業務型」の2種類があるが、専門業務型裁量労働制と企画業務型裁量労働制双方ともに、長時間労働を助長しているとの批判が多いことから、労働者の健康確保に向け、企業に労働時間の把握を義務付けることを明記している。

働き方改革関連法のその他の具体的な内容は、時間外労働の限度時間の設定の他、高度な専門的知識等を要する業務に就き、かつ、一定額以上の年収を有

1 働き方改革関連法の趣旨と目的

する労働者に適用される労働時間制度の創設（高度プロフェッショナル制度）、短時間・有期雇用労働者及び派遣労働者と通常の労働者との間の不合理な待遇の相違の禁止（同一労働同一賃金の促進）等である。

働き方改革関連法の概要は**図表6**の通りである。

図表6　働き方改革関連法の概要等について

番号	ポイント	内容	施行予定年月日
1	働き方改革の推進	働き方改革に係る基本的考え方を明らかにするとともに、国は、改革を総合的かつ継続的に推進するための「基本方針」を定める。	平成31年4月1日
2	残業時間の罰則付上限規制	時間外労働の上限について、月45時間、年360時間を原則とし、臨時的な特別な事情がある場合でも年720時間、単月100時間未満（休日労働含む）、複数月平均80時間（休日労働含む）を限度に設定する。	【大企業】平成31年4月1日【中小企業】平成32年4月1日
3	年次有給休暇の消化義務化	使用者は、10日以上の年次有給休暇が付与される労働者に対し、5日について、毎年、時季を指定して与えなければならないこととする（労働者の時季指定や計画的付与により取得された年次有給休暇の日数分については指定の必要はない）。	平成31年4月1日
4	勤務間インターバル制度の促進	事業主は、前日の終業時刻と翌日の始業時刻の間に一定時間の休息の確保に努めなければならない努力義務。	平成31年4月1日
5	中小企業の割増賃金率の猶予措置廃止（引き上げ）	中小企業における月60時間超の時間外労働に対する割増賃金率を見直す。月60時間を超える時間外労働に係る割増賃金率（50%）について、中小企業への猶予措置を廃止する（25%から50%へ）。	【中小企業】平成35年4月1日
6	産業医・産業保健機能の機能強化	事業者から、産業医に対しその業務を適切に行うために必要な情報を提供することとするなど、産業医・産業保健機能の強化を図る。	平成31年4月1日
7	同一労働同一賃金	短時間・有期雇用労働者に関する正規雇用労働者との不合理な待遇の禁止に関し、個々の待遇ごとに、当該待遇の性質・目的に照らして適切と認められる事情を考慮して判断されるべき旨を明確化。併せて有期雇用労働者の均等待遇規定を整備。派遣労働者につい	【大企業】平成32年4月1日【中小企業】平成33年4月1日

21

第2章 働き方改革関連法の概要

		て、①派遣先の労働者との均等・均衡待遇、②一定の要件※を満たす労使協定による待遇のいずれかを確保することを義務化。また、これらの事項に関するガイドラインの根拠規定を整備する。	
8	フレックスタイム制の清算期間の延長	残業代等を計算する「清算期間」を最長1ヶ月から3ヶ月に延長する。	平成31年4月1日
9	高度プロフェッショナル制度（特定高度専門業務・成果型労働制）の新設	職務の範囲が明確で一定の年収（1,075万円以上）を有する労働者が、高度の専門的知識を必要とする等の業務に従事する場合に、年間104日の休日を確実に取得させること（4週間で4日以上）等の健康確保措置を講じること、本人の同意や委員会の決議等を要件として、労働時間、休日、深夜の割増賃金等の規定を適用除外とする。	平成31年4月1日
10	労働者に対する待遇に関する説明義務の強化	短時間労働者・有期雇用労働者・派遣労働者について、正規・非正規雇用労働者間の待遇差の内容・理由等に関する説明を義務化する。平成32年4月1日（中小企業におけるパートタイム労働法・労働契約法の改正規定の適用は平成33年4月1日）	【大企業】平成32年4月1日【中小企業】平成33年4月1日
11	行政による履行確保措置及び裁判外紛争解決手続（行政ADR）の整備	正規・非正規雇用労働者間の不合理な待遇差に対する行政による履行確保措置及び行政ADRを整備する。	【大企業】平成32年4月1日【中小企業】平成33年4月1日

筆者作成

(2) 働き方改革関連法の目的

　働き方改革関連法は、冒頭の「はじめに」及び第1章で述べた通り、労働基準法、じん肺法、雇用対策法、労働安全衛生法、労働者派遣法、労働時間設定法、パートタイム労働法、労働契約法の8本の法律を一括改正する法律である。また、働き方改革関連法は、労働者がそれぞれの事情に応じた多様な働き方を選択できる社会を実現する働き方改革を推進するため、所要の措置を講じることを目的として定められた。

(3) 働き方改革の推進と基本方針の策定（労働者雇用安定・職業生活充実法）

　働き方改革関連法の総論的位置づけとして、働き方改革の総合的かつ継続的な推進について規定している。すなわち、「雇用対策法」の法律名を「労働施策の総合的な推進並びに労働者の雇用の安定及び職業生活の充実等に関する法律」（以下、「労働者雇用安定・職業生活充実法」という）と変更し、働き方改革に係る基本的な考え方を法律上、明文化することとされた。いわば労働者雇用安定・職業生活充実法は、働き方改革に関する基本法的な性格として位置付けられよう。加えて、国は、働き方改革を総合的かつ継続的に推進するための「基本方針」（閣議決定）を定めることとされた。

　目的規定（1条）については、雇用対策法では、国の施策を通して「労働力の需給が質量両面にわたり均衡することを促進」することを意図していたが、労働者雇用安定・職業生活充実法では「労働者の多様な事情に応じた雇用の安定及び職業生活の充実並びに労働生産性の向上を促進」することを意図することに改められた。すなわち、「働き方改革実行計画」の多様な働き方を踏まえた労働参加率と労働生産性の向上を意識した文言が盛り込まれているといえよう。

　また、基本的理念規定（3条）では、「労働者は、職務の内容及び職務に必要な能力、経験その他の職務遂行上必要な事項（「能力等」）の内容が明らかにされ、並びにこれらに即した評価方法により能力等を公正に評価され、当該評価に基づく処遇を受けることその他の適切な処遇を確保するための措置が効果的に実施されることにより、その職業の安定が図られるように配慮されるものとする」と規定する。本規定では、使用者による職業能力の公正な評価と処遇について明文化され、「働き方改革実行計画」で示された正規雇用と非正規雇用との間の不合理な処遇格差の是正のため、労働者間の均等待遇を図る規定であり、働き方改革の理念に通ずる重要な規定であるといえる。

　さらに、基本的理念規定（3条）の新設規定に合わせて、国の責務に関する規定（4条1号）として、「各人が生活との調和を保ちつつその意欲及び能力に応じて就業することを促進するため、労働時間の短縮その他の労働条件の改

第2章　働き方改革関連法の概要

善、多様な就業形態の普及及び雇用形態又は就業形態の異なる労働者の間の均衡のとれた待遇の確保に関する施策を充実すること」が追加された。

　加えて、女性の職業生活の安定の他、「子の養育又は家族の介護を行う者の職業の安定」（6号）や母子家庭の他、「父子家庭の父」の就業促進、「疾病、負傷その他の理由により治療を受ける者の職業の安定を図るため、雇用の継続、離職を余儀なくされる労働者の円滑な再就職の促進その他の治療の状況に応じた就業を促進するために必要な施策を充実すること」（9号）も盛り込まれた。

　いずれも「働き方改革実行計画」で示されたものであり、疾病等と職業生活の両立やワーク・ライフ・バランスに資する新設規定と評価することができる。

　雇用対策法には存しなかった事業主の責務も新設された（6条）。努力義務規定ではあるが、「事業主は、その雇用する労働者の労働時間の短縮その他の労働条件の改善その他の労働者が生活との調和を保ちつつその意欲及び能力に応じて就業することができる環境の整備に努めなければならない」と定められた。なお、労働契約法3条3項は「労働契約は、労働者及び使用者が仕事と生活の調和にも配慮しつつ締結し、又は変更すべきものとする」とされているが、長時間労働の是正を念頭にして、より踏み込んだ形で具体的にワーク・ライフ・バランスに配慮した就業環境の整備を求めている。

　次に、基本方針に関する規定（10条）については、国の責務として、「労働者がその有する能力を有効に発揮することができるようにするために必要な労働に関する施策の総合的な推進に関する基本的な方針（「基本方針」）を定める」旨を規定している。その他、厚生労働大臣は、基本方針の案を作成し、閣議の決定を求めなければならないこと、基本方針の案を作成しようとするときは、あらかじめ、都道府県知事の意見を求めるとともに、労働政策審議会（労政審）の意見を聴かなければならないこと、そして、基本方針の案を作成するために必要な場合には、関係行政機関の長に対し、資料の提出その他の必要な協力を求めることができることなどが規定されている。

　また、中小企業における取組の推進のための関係者間の連携体制の整備を進めるため、「国は、労働時間の短縮その他の労働条件の改善、多様な就業形態の普及、雇用形態又は就業形態の異なる労働者の間の均衡のとれた待遇の確保

その他の基本方針において定められた施策の実施に関し、中小企業における取組が円滑に進むよう、地方公共団体、中小企業者を構成員とする団体その他の事業主団体、労働者団体その他の関係者により構成される協議会の設置その他のこれらの者の間の連携体制の整備に必要な施策を講ずるように努めるもの」とされた（10条の3）。

2 長時間労働の是正、多様で柔軟な働き方の実現等 （労働基準法、労働安全衛生法、労働時間等設定法）

(1) 残業時間（時間外労働）の上限規制

　残業規制（時間外労働）の上限については、月45時間及び年360時間となった。臨時的にこれを超えて労働させる必要がある場合であっても、年720時間、月100時間未満（休日労働を含む）、複数月平均80時間（休日労働を含む）と上限を設定し、残業時間の法規制が強化された。

　また、違反した場合には、使用者に対して罰則を科すこととなり、労働法務・人事労務の現場では早急に対応すべき重要な改正点の一つである。

(2) 中小事業主における月60時間超の時間外労働に対する割増賃金率の猶予措置の廃止（25％から50％への引き上げ）

　平成22（2010）年の労働基準法改正によって1ヶ月あたり60時間を超える時間外労働に対しては、通常の労働時間の賃金の計算額の5割以上の率で計算した割増賃金を支払わなければならないとされた（37条1項但書）（図表7）。

　しかし、中小事業主（その資本金の額又は出資の総額が3億円（小売業又はサービス業を主たる事業とする事業主については5,000万円、卸売業を主たる事業とする事業主については1億円）以下である事業主及びその常時使用する労働者の数が300人（小売業を主たる事業とする事業主については50人、卸売業又はサービス業を主たる事業とする事業主については100人）以下である事業主をいう）の事業については、「当分の間」は割増賃金率の中小事業主への適用が猶予されていた（労働基準法138条（附則））。

第2章　働き方改革関連法の概要

図表7　中小企業における月60時間超の時間外労働に対する割増賃金率の引上げについて

改正前				改正後			
	1か月の時間外労働 （1日8時間・1週40時間 を超える労働時間）				1か月の時間外労働 （1日8時間・1週40時間 を超える労働時間）		
		60時間以下	60時間超			60時間以下	60時間超
大企業		25%	50%	大企業		25%	50%
中小企業		25%	25%	中小企業		25%	50%

出所：厚生労働省ホームページを一部改変

　今回の改正では、こうした月60時間を超える時間外労働に係る5割以上の割増賃金率の中小事業主への適用猶予措置を廃止することとなった。この点は、平成27年労働基準法改正案と同内容である。

　なお、施行は平成35（2023）年4月1日である。

(3)　勤務間インターバル制度の導入

　勤務間インターバル（interval）制度とは、勤務終了の後、一定時間以上の「休息期間」を設けることで、働く方の生活時間や睡眠時間を確保するものである。過労死・過労自殺の抑止策にもつながり、既に勤務間インターバルを導入している企業も多数存在する。つまり、終業から始業まで一定の休息時間を確保するものである。

　「interval」（インターバル）は、間隔や合間という意であり、勤務終了後と開始前の間隔を空けることで、労働者が日々働くにあたって、必ず一定の休息時間を取れるようにし、睡眠時間や私的な生活時間を確保することを目的としている。勤務間インターバル制度は、ワーク・ライフ・バランスの推進にも資する制度であるといえる。

　なお、新たな「過労死等の防止のための対策に関する大綱」には、平成32（2020）年までに勤務間インターバルの導入企業を10%以上とする数値目標が設定される見込みである。

　ところで、勤務間インターバル制度は、労働基準法の規定として盛り込むのではなく、労働時間等の設定の改善に関する特別措置法（労働時間等設定改善

2 長時間労働の是正、多様で柔軟な働き方の実現等

図表8 勤務間インターバルを利用した場合の例

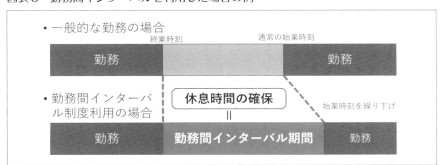

筆者作成

法）に盛り込まれることになり、「事業主は、労働者の労働時間等の設定の改善を図るため、業務の繁閑に応じた労働者の始業及び終業の時刻の設定、健康及び福祉を確保するために必要な終業から始業までの時間の設定、年次有給休暇を取得しやすい環境の整備その他の措置を講ずるように努めなければならない」（2条）とされ、企業の努力義務として勤務間インターバル制度が設けられた（図表8）。

長時間労働の規制の一環として、実効性を高める効果が生じるか、努力義務によって制度が積極的に活用されるか否か等、今後も制度自体を見守る必要があろう。なお、先述の「過労死等の防止のための対策に関する大綱」も法的な拘束力はない。

付言しておくと、厚生労働省は、勤務間インターバル制度の導入を推進するため、時間外労働等改善助成金（勤務間インターバル導入コース）を支給している。申請の受付は平成30年12月3日（月）とされている（支給対象事業主数は国の予算額に制約されるため、同年12月3日以前に受付を締め切る可能性がある）。

(4) 企業単位での労働時間等の設定改善に係る労使の取組促進

企業単位での労働時間等の設定改善に係る労使の取組を促進し、労働時間等の設定の改善の実施体制の整備を目的として、労働時間等設定改善委員会の決議をもって、年次有給休暇の計画的付与等に係る労使協定に代えることができ

27

第２章　働き方改革関連法の概要

ることとなった（労働時間等設定改善法７条及び７条の２）。なお、この改正点については、平成27年労働基準法改正案と同内容である。労働時間等設定改善委員会は、労使間の話合いの機会を整備するため設置されるものであり、一定の要件を充たす委員会には、労使協定代替効果、届出免除といった労働基準法の適用の特例が以前より認められていた。

　ところで、労働時間等設定改善法は、「労働時間等見直しガイドライン（労働時間等設定改善指針）」を策定することによって実務上の運用がなされている。平成29年10月、「キッズウィーク」（地域ごとに夏休みなどの一部を他の日に移して学校休業日を分散化する取組）への対応や労働者が裁判員として刑事裁判に参画しやすくすること、また、平成29年６月の「規制改革実施計画」（閣議決定）で示された転職しても転職が不利にならない仕組みを作るため改定がなされている。今後、「労働時間等見直しガイドライン（労働時間等設定改善指針）」を再度見直すことになるため、実務上の運用に影響を及ぼすことになろう。

　なお、厚生労働省は、時間外労働等改善助成金を支給している。具体的には、中小企業・小規模事業者が時間外労働の上限規制等に円滑に対応できるようにするため、生産性を高めながら労働時間の短縮等に取り組む事業主に対して助成することによって、中小企業における労働時間の設定の改善を促している。

(5)　高度プロフェッショナル制度（高プロ）の導入等

　高度プロフェッショナル制度（高プロ）の導入の是非にあたって、法案審議の際に「残業代ゼロ法案」等と呼称され、喧々諤々の論議がなされた制度である。国会での審議においても多くの時間を割いてきた。平成27年労働基準法改正案を一部修正し、一括法である働き方改革関連法に盛り込み、今回新設された制度である。かつて第１次安倍晋三内閣においてアメリカの「ホワイトカラー・エグゼンプション制度」の導入が検討されて以来、初めて年収の高い専門職が労働法規制の一部適用除外を受ける制度が成立したといえる。

　なお、平成27年労働基準法改正案では、職務の範囲が明確で一定の年収要件（少なくとも1,000万円以上）を満たす労働者が、高度な専門的知識を必要とする等の業務に従事する場合に、健康確保措置等を講じること、本人の同意

28

2 長時間労働の是正、多様で柔軟な働き方の実現等

や委員会の決議などを要件として、労働時間、休日、深夜の割増賃金等の規定を適用除外とするものであった。また、制度の対象者について、在社時間等が一定時間を超える場合には、事業主は、その労働者に対し、必ず医師による面接指導を実施しなければならないこととされた。

今回の働き方改革関連法では、年収が1,075万円以上の一部専門職を労働時間に関する法規制の適用除外となった。また、健康確保措置の点を一部修正し、年間104日の休日確保措置を義務化するとともに、①インターバル措置、②1月又は3月の在社時間等の上限措置、③2週間連続の休日確保措置、④臨時の健康診断のいずれかの措置を選択し、これらの実施を義務化している。

つまり、高度プロフェッショナル制度（高プロ）とは、1,075万円以上の年収を有する高度専門職に対して労働基準法の適用の一部（労働時間等）を除外する制度である。平成27年労働基準法改正案を一部修正して成案化された。こうした1,075万円以上の年収を得る高度専門職とは、金融商品開発、コンサルタント、アナリスト等が想定されているが、「使用者との交渉力」があることを前提とした制度であり、高度専門職といえども労働者個人として使用者と対等に交渉することは困難であるといわざるを得ない。

労働基準法41条の2は、高度の専門的知識等を要する対象業務に就き、かつ、一定額以上の年収を有するとともに職務が明確に定められている者を対象として、法令に定める手続を経た上で、労働基準法の定める労働時間、休憩、休日及び深夜の割増賃金に関する規定を適用除外とするものである。法令に定める手続とは、労働条件に関する事項を調査審議して事業主に対し意見を述べることを目的とする委員会（使用者及び当該事業場の労働者を代表する者を構成員とするものに限る）が設置された事業場において、委員会がその委員の5分の4以上の多数決による決議があること、その決議を行政官庁に届け出て、高度専門職（高度の専門的知識等を必要とし、その性質上従事した時間と従事して得た成果との関連性が通常高くないと認められるもの）に従事する労働者に書面により同意を得る必要がある。対象となる高度専門職の一定額の年収要件については、一年間当たりの賃金の額に換算した額が基準年間平均給与額（厚生労働省において作成する毎月勤労統計における毎月決まって支給する給与の額を基礎として厚生労働省令で定めるところにより算定した労働者一人当た

第2章　働き方改革関連法の概要

りの給与の平均額）の３倍の額を相当程度上回る水準として厚生労働省令で定
める額以上であるとされ、具体的には厚生労働省令で定められることになる。

　前述の通り、こうした高度専門職の労働時間の管理が困難になることなどか
ら、年間104日の休日確保等の健康確保措置を義務付ける制度も新設された。
高度プロフェッショナル制度（高プロ）に基づく労働者は、長時間労働の抑止
及び健康確保の観点からも、労働基準監督署等による労働監督行政による取り
締まりの強化も併せて求められるところである。なお、適用対象業務や年収条
件に手当が含まれるか否か等については、今後、省令で定められる予定である。

　なお、フレックスタイム制の清算期間の上限を１ヶ月から３ヶ月に延長する
こととなった（労働基準法32条の３）。この点は、平成27年労働基準法改正
案と同内容である。

(6)　年次有給休暇（年休）取得の義務化

　改正前では、労働者が６ヵ月間「継続勤務」し、「全労働日」の「８割以上
に出勤」を充たした場合（労基法39条）、法定日数の年次有給休暇（以下、「年
休」という）を取る権利（年休権）を得ると定める。この場合、会社は「労働
者の指定した『時季』」（「時季指定権」）に年休を与えなくてはならない。ただ
し、「事業の正常な運営を妨げる」理由があれば、会社は「指定された年休時
季を変更」できる（「時季変更権」）(図表9)。

　このように法律上、年休権の行使自体が労働者個人に委ねられる結果、職場
や同僚への気がねなどから年休権を取得しても行使することに自制する傾向に
なっていた。そこで、昭和63年、労働基準法を改正し、計画年休制度を導入
した。計画年休制度とは、使用者が事業場の過半数を組織する労働組合があれ
ばその組合、そうした組合がない場合には事業場の過半数を代表する者と協定
を結び、年休を与える時季を定めることにより、各人の有する年休のうち５日
を超える部分について、時季指定権や時季変更権の行使というプロセスを経ず
に、年休を与える制度である（労働基準法39条６項、昭和63年１月１日基発
１号）。つまり、計画年休制度は、事業場の労使協定に基づいて計画的に年休
を与える、年休の取得を促進する制度であった。

　しかし、計画年休制度を導入した後も、年休の取得率に改善は見られなかっ

2 長時間労働の是正、多様で柔軟な働き方の実現等

図表9　年次有給休暇制度の概要

> **年次有給休暇**
>
> ○趣旨
> 　労働者の心身の疲労を回復させ、労働力の維持培養を図るため、また、ゆとりある生活の実現にも資するという位置づけから、法定休日のほかに毎年一定日数の有給休暇を与える制度
> ○法的性格
> 　年次有給休暇の権利は、労働者が客観的要件（以下参照）を充足することによって「法律上当然に」発生する権利であり、労働者が年次有給休暇の「請求」をしてはじめて生ずるものではない。（白石営林署事件最高裁判決（昭和48年3月2日））
> ○要件・効果
> 　①雇い入れの日から起算して6ヶ月継続勤務し、
> 　②全所定労働日の8割以上を出勤
> した労働者に対して、10労働日の年次有給休暇が与えられる。
> 　その後、継続勤務年数1年ごとに下表の日数の年次有給休暇が与えられる。
> 　なお、年次有給休暇は、発生日から起算して2年間の消滅時効に服する。
>
> | 継続勤務年数 | 1年6ヶ月 | 2年6ヶ月 | 3年6ヶ月 | 4年6ヶ月 | 5年6ヶ月 | 6年6ヶ月以上 |
> |---|---|---|---|---|---|---|
> | 付与日数 | 11日 | 12日 | 14日 | 16日 | 18日 | 20日 |
>
> **年次有給休暇の取得時季**
>
> ○原則
> 　労働者がその有する休暇日数の範囲内で、その具体的な休暇の時季を特定する「時季指定」を行うことにより、年次有給休暇が成立し、当該労働日における就労義務が消滅。
> 　つまり、労働者の具体的な「時季指定」がない限りは、使用者は年次有給休暇を与えなくても法違反とならない。
> ○例外
> 　①労働者の指定する時季に休暇を与えることが事業の正常な運営を妨げる場合、使用者に「時季変更権」が認められる。
> 　②労使協定で定めをした場合、年次有給休暇のうち5日を超える部分について「計画的付与」が認められる。

出所：厚生労働省ホームページ

た。厚生労働省平成29年「就労条件総合調査」によると、平成28年（又は平成27会計年度）1年間に企業が付与した年次有給休暇日数（繰越日数を除く）は労働者1人平均18.2日（前年18.1日）、そのうち労働者が取得した日数は9.0日（同8.8日）で、取得率は49.4％（同48.7％）となっている（**図表10**）。

　今回の改正は、平成27年労働基準法改正案と同内容であるが、使用者は、年休の日数が10日以上の労働者に対し、年休のうち5日について、毎年、時季を指定して与えなければならないとされた（39条7項）（**図表11**）。なお、労働者の時季指定や計画年休制度により取得された年休の日数分については指定の必要はない（39条8項）。残りの5日間の年休日（自由年休）が取得義務の対象とならないのは、労働者個人の意向による年休権行使の余地を残す必要があるためである。また、この規定に違反した使用者に対しては、罰則（30万円以下の罰金）が科されることとなった（120条）。労働者本人の意向による年休権行使の範囲を狭め、年休取得の義務化（強制化）とそれに伴う罰則を科すことを通して年休取得のための実効性をより高めることにつながるであろう。

31

第2章　働き方改革関連法の概要

図表10　労働者1人平均年次有給休暇の取得状況

性・企業規模・産業・年	労働者1人平均 付与日数[1] (日)	労働者1人平均 取得日数[2] (日)	取得率[3] (%)
平成29年調査計	18.2	9.0	49.4
男	18.6	8.7	46.8
女	17.2	9.6	55.4
1,000人以上	19.2	10.6	55.3
300〜999人	18.2	8.8	48.0
100〜299人	17.6	8.2	46.5
30 〜 99人	17.3	7.5	43.8
鉱業,採石業,砂利採取業	18.3	10.4	57.0
建設業	18.1	6.9	38.0
製造業	19.0	10.7	56.2
電気・ガス・熱供給・水道業	19.5	14.0	71.8
情報通信業	18.9	11.2	58.9
運輸業,郵便業	17.7	8.6	49.0
卸売業,小売業	18.3	6.4	34.9
金融業,保険業	20.3	10.4	51.5
不動産業,物品賃貸業	17.8	7.8	43.7
学術研究,専門・技術サービス業	18.1	10.4	57.6
宿泊業,飲食サービス業	16.5	5.4	32.8
生活関連サービス業,娯楽業	16.9	6.6	38.9
教育,学習支援業	18.8	7.0	37.2
医療,福祉	16.8	8.8	52.5
複合サービス事業	19.4	12.5	64.6
サービス業(他に分類されないもの)	17.0	8.5	49.9
平成28年調査計	18.1	8.8	48.7

注：1)　「付与日数」は、繰越日数を除く。
　　2)　「取得日数」は、前年（又は前々会計年度）1年間に実際に取得した日数である。
　　3)　「取得率」は、取得日数計／付与日数計×100(%)である。

出所：厚生労働省平成29年「就労条件総合調査」

(7)　産業医・産業保健機能の強化

　労働安全衛生法によると、事業者は事業場ごとに医師のうちから産業医を選任し、労働者の健康管理等を行わせなければならないとされている（13条）。

　また、労働安全衛生法は、「産業医は、労働者の健康を確保するため必要があると認めるときは、事業者に対し、労働者の健康管理等について必要な勧告

2　長時間労働の是正、多様で柔軟な働き方の実現等

図表11　年次有給休暇（年休）の確実な取得について

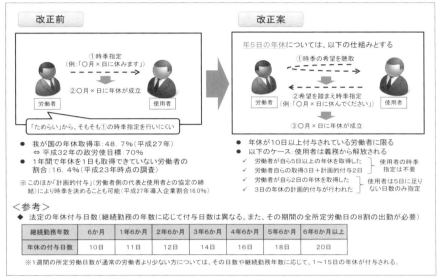

出所：厚生労働省ホームページを一部改変

をすることができる」（13条3項）などと定められているものの、実効性に乏しい状態にあった。

そこで、働き方改革関連法により労働安全衛生法を改正し、産業医による勧告がなされた場合には、「事業者は、当該勧告を尊重しなければならない」（13条5項）とされるなど、産業医の役割や機能を強化し、産業医制度自体を実効性あるものへと変革することとなった。これに加えて、産業医の選任義務のある労働者数50人以上の事業場では、「事業者は、衛生委員会に対し、産業医が行った労働者の健康管理等に関する勧告の内容等を報告しなければならない」（13条6項）と規定され、労働者の健康管理を的確に行うための体制づくりが整備された。また、同じく産業医の選任義務のある労働者数50人以上の事業場では、「事業者は、産業医に対し産業保健業務を適切に行うために必要な情報を提供しなければならない」（13条4項）とされ、事業者と産業医との間で労働者の健康状態等に関する情報提供のやり取りを行う法的根拠が明示され、産業医及び産業保健機能のよりいっそうの強化を図ることとなった。

第２章　働き方改革関連法の概要

　なお、「事業者は、産業医又は前条第一項に規定する者による労働者の健康
管理等の適切な実施を図るため、産業医又は同項に規定する者が労働者からの
健康相談に応じ、適切に対応するために必要な体制の整備その他の必要な措置
を講ずるように努めなければならない」とされた（13条の３）。

3 雇用形態にかかわらない公正な待遇の確保 （パートタイム労働法、労働契約法、労働者派遣法）

　働き方改革関連法では、正規雇用労働者と非正規雇用労働者間の均等待遇を
目指した規定が設けられている。短時間労働者、有期雇用労働者及び派遣労働
者について、不合理な待遇及び差別的取扱い等を禁止するとともに、通常の労
働者との間の待遇の相違の内容、理由等を説明することを事業主に義務付けて
いる。その他、行政型の裁判外紛争解決手続（Alternative Dispute Resolution
: ADR）の整備等を行うことを盛り込んでいる。

⑴　不合理な待遇差を解消するための規定の整備（同一労働同一賃金）

　働き方改革関連法によって、労働契約法20条を廃止し、パートタイム労働
者や有期雇用労働者の均等待遇に向けた統一的な法規制を設けることとなっ
た。また、有期雇用労働者を法の対象に含めることに伴い、法律名を「短時間
労働者及び有期雇用労働者の雇用管理の改善等に関する法律」に改正している
（以下では、「短時間労働者の雇用管理の改善等に関する法律」(旧法) を「パー
トタイム労働法」といい、「短時間労働者及び有期雇用労働者の雇用管理の改
善等に関する法律」(新法) を「パートタイム・有期雇用労働法」という）。そ
の背景事情として、正社員とパートタイム労働者や契約社員等の有期労働者の
賃金格差があることは言うまでもない（図表12-1）。
　パートタイム労働者や有期雇用労働者に関する正規雇用労働者との不合理な
待遇の禁止について、個々の待遇ごとに、当該待遇の性質・目的に照らして適
切と認められる事情を考慮して判断されるべき旨を明確化している。例えば、
労働者派遣法30条の３は、「派遣元事業主は、その雇用する派遣労働者の基本

3 雇用形態にかかわらない公正な待遇の確保

図表12-1 雇用形態別の賃金カーブ（年齢別）（時給ベース）

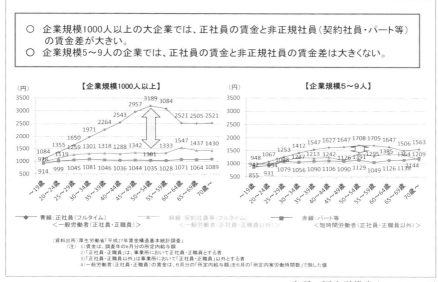

出所：厚生労働省ホームページ

給、賞与その他の待遇のそれぞれについて、当該待遇に対応する派遣先に雇用される通常の労働者の待遇との間において、当該派遣労働者及び通常の労働者の職務の内容、当該職務の内容及び配置の変更の範囲その他の事情のうち、当該待遇の性質及び当該待遇を行う目的に照らして適切と認められるものを考慮して、不合理と認められる相違を設けてはならない」と定めている。

有期雇用労働者について、正規雇用労働者と①職務内容、②職務内容・配置の変更範囲が同一である場合の均等待遇の確保を義務化する一方、派遣労働者について、①派遣先の労働者との均等・均衡待遇、②一定の要件（同種業務の一般の労働者の平均的な賃金と同等以上の賃金であること等）を満たす労使協定による待遇のいずれかを確保することを義務化している。

こうした各規定に関しては、厚生労働省による省令の制定及びガイドライン（指針）の策定等により実務上の運用を図ることとなろう。なお、厚生労働省が平成28年12月に公表した「同一労働同一賃金ガイドライン案」は図表12-2の通りであるが、基本的には非正規雇用労働者に対して合理的な処遇になって

35

第2章　働き方改革関連法の概要

図表12-2　厚生労働省「同一労働同一賃金ガイドライン案」による判断基準について

正社員と非正社員との間の待遇差が問題となる例	正社員と非正社員との間の待遇差が問題とならない例
・各種手当(通勤手当・出張旅費、食事手当、精皆勤手当、特殊作業手当、特殊勤務手当、深夜・休日手当、単身赴任手当、地域手当) ・福利厚生(食堂・休憩室・更衣室の利用、転勤者用社宅、慶弔休暇、病気休暇) ・教育訓練(現在の職務に必要な技能・知識を習得するために実施する場合) ・安全管理に関する措置・給付	・基本給(労働者の職業経験・能力、業績・成果、勤続年数に応じて支給する場合) ・賞与(会社の業績等への貢献に応じて支給する場合) ・役職手当(役職の内容、責任に一定の違いがある際、役職の内容、責任の範囲・程度に対して支給する場合)

厚生労働省「同一労働同一賃金ガイドライン案」をもとに筆者作成

いるか否かが重要なポイントとなるであろう。

⑵　使用者の非正規雇用労働者に対する正規雇用労働者との待遇の相違等に関する説明義務

　労働基準法では、使用者は、労働契約を締結する場合には、労働者に対して、賃金、労働時間などの労働条件を具体的に明示しなければならないとされている（15条1項）。具体的に明示義務の対象となる事項は、契約期間、契約更新の有無や更新の基準、就業場所、従事すべき業務、所定労働時間、賃金、退職に関する事項、安全衛生、職業訓練、災害補償、業務外傷病扶助、休職等が列挙されている（労働基準法施行規則5条1項）。なお、使用者は労働者に対して重要な労働条件が明らかとなる書面の交付をしなければならない（労働基準法施行規則5条2項及び3項）。

　また、いわゆる非正規雇用に該当する労働者、すなわち、パートタイム労働者、有期労働者、派遣労働者が労働契約を締結するにあたっては、労働基準法15条による労働条件明示事項に加えて、各法は使用者に対して以下の点を求めている。

　パートタイム労働者については、これまでパートタイム労働法に基づき、「特

定事項」（昇給、退職手当、賞与の有無）を文書によって明示する義務が課せられている（6条、パートタイム労働法施行規則2条）。

一方、労働者派遣法では、派遣元事業者に対して、派遣先の就業条件を書面交付等により派遣労働者に明示する義務が課せられている（34条、労働者派遣法施行規則26条）。

このようにこれまで使用者が提示すべき内容は就労する労働条件に関わる内容に留まっていたが、正規労働者との待遇に関する差異やその合理的理由を説明する義務は明文化されてこなかった。

なお、近時のパートタイム労働法の改正（平成27年4月施行）によって、有期労働契約を締結しているパートタイム労働者が、①職務内容が正社員と同一、②人材活用の仕組み（人事異動等の有無や範囲）について正社員と同一の場合は、差別的取扱いが禁止されている（9条）。

また、使用者が雇用するパートタイム労働者の待遇と正社員の待遇を相違させる場合は、その待遇の相違は職務の内容、人材活用の仕組み、その他の事情を考慮して、不合理と認められるものであってはならないとする、全ての短時間労働者を対象とした「短時間労働者の待遇の原則」が定められた（8条）。

さらに、使用者は、パートタイム労働者を雇用する場合には、実施する雇用管理の改善措置の内容について、説明しなければならず（14条1項）、パートタイム労働者からの相談に応じ、適切に対応するために必要な体制を整備しなければならないとされている（16条）。なお、職務の内容に密接して支払われる通勤手当（一律支給の場合）については、正社員との均衡を確保するため、職務内容や成果等を総合考慮して決定するとの均等確保の努力義務が定められた（パートタイム労働法施行規則3条）。

一方、パートタイム労働法改正と軌を一にするように、労働者派遣事業の適正な運営の確保及び派遣労働者の保護等に関する法律（以下、「労働者派遣法」という）も法改正が既になされている（平成27年9月施行）。

まず、雇用安定措置の導入である。派遣元は、同一の組織単位に継続して3年間派遣される見込みがある派遣労働者に対して、派遣終了後の雇用を継続させる措置（雇用安定措置）を講じる義務が定められている（なお、1年以上3年未満の見込みの方については、派遣元は努力義務が生じる）。

第2章　働き方改革関連法の概要

　また、均衡待遇の推進の観点から、派遣元は、派遣労働者から求めがあった場合、賃金の決定、教育訓練の実施、福利厚生の実施について、派遣労働者と派遣先で同種の業務に従事する労働者の待遇の均衡を図るために考慮した内容を説明する義務が生じる。

　さらに、派遣労働者のキャリアアップ措置について、派遣元は、雇用している派遣労働者のキャリアアップを図るため、段階的かつ体系的な教育訓練、希望者に対するキャリア・コンサルティングを実施する義務が生じる。特に、無期雇用派遣労働者に対しては、長期的なキャリア形成を視野に入れた教育訓練を実施する必要がある。

　派遣先が違法派遣（禁止業務への従事指示、偽装請負等）を受け入れた時点で、派遣先から派遣元事業主との労働条件と同一の労働条件を内容とする労働契約が申し込まれたものとみなされ、派遣労働者が承諾をした時点で労働契約が成立する、「労働契約申込みみなし制度」も新設されている（34条3項）。

　以上の法改正を通して、働き方改革関連法制定前から、正規労働者・非正規労働者間の均等待遇に向けた取組みが徐々に進んできていたといえよう。こうした法改正を含め、また正規雇用労働者との均等待遇の流れを汲み、働き方改革関連法では、パートタイム労働法と労働者派遣法を改正し、パートタイム労働者、有期雇用労働者、派遣労働者について、正規雇用労働者との待遇差の内容・理由等に関する説明を義務化した。

　なお、先述の通り、働き方改革関連法によって、有期雇用労働者を法の対象に含めるため、パートタイム労働法の法律名称を変更している（パートタイム・有期雇用労働法）。例えば、パートタイム・有期雇用労働法14条2項は、事業主は、短時間・有期雇用労働者を雇い入れたときは速やかに、正規雇用労働者との待遇の相違や内容、理由等に関して労働者に説明しなければならないと定めている。また、同様に、労働者派遣法31条の2も、派遣労働者の雇い入れ時に文書の交付等により、待遇に関する事項等の説明義務を規定している。

⑶　行政による履行確保措置と裁判外紛争解決手続（行政ADR）の整備

　裁判外紛争解決手続（Alternative Dispute Resolution :ADR）とは、訴訟手

続によらずに民事上の紛争の解決をしようとする紛争の当事者のため、公正な
第三者が関与して、その解決を図る手続をいう（裁判外紛争解決手続の利用の
促進に関する法律1条）。

　裁判外紛争解決手続（ADR）の種類は、司法型ADR（民事調停、家事調停、
裁判上の和解等）、行政型ADR（独立行政法人国民生活センター紛争解決委員
会、公害等調整委員会、建設工事紛争審査会等）、民間型ADR（日本弁護士連
合会紛争解決センター、司法書士会調停センター、社会保険労務士会労働紛争
解決センター等）がある。

　パートタイム・有期雇用労働法及び労働者派遣法では、正規雇用労働者間と
の均等・均衡待遇に関する義務、正規雇用労働者との待遇差の内容・理由等に
関する説明義務に関する紛争について、行政ADRの活用を促している。例え
ば、派遣労働者の場合は、都道府県労働局長は紛争調整委員会による調停を行
わせることができることとされた（労働者派遣法47条の7）。また、都道府県
労働局長は、紛争の当事者の双方又は一方から解決につき援助を求められた場
合は、紛争当事者に対し、必要な助言、指導又は勧告をすることができること
となった（労働者派遣法47条の6）。

4 公務員の働き方改革の現状と課題

⑴　公務員の働き方

　働き方改革関連法は、労働基準法や労働安全衛生法等を改正する一括法であ
るため、民間企業に従事する労働者を対象としている。したがって、国家公務
員法の適用を受ける国家公務員、地方公務員法の適用を受ける地方公務員は、
働き方改革関連法の対象とされていない。

　とはいえ、働き方改革関連法の内容、具体的には国会・議会待機のための残
業が多いことから残業上限規制が関連するであろうし、「官製ワーキングプア」
と呼称される任期付職員や非常勤職員の待遇問題に関連して同一労働同一賃金
も関連する。このように公務労働の現場においても今後多大な影響を与えるで
あろうと思われる。

第2章　働き方改革関連法の概要

　かねてより国家公務員・地方公務員の働き方については様々問題となってきており、政府も国家公務員制度担当大臣のもと「霞が関の働き方改革を加速するための懇談会」（内閣人事局）を開催するなどして対応を検討してきた。

(2)　霞が関の働き方改革を加速するための懇談会

　平成28年3月、内閣官房の内閣人事局において「霞が関の働き方改革を加速するための懇談会」が開催された。この懇談会は、働き方改革を進め、政策の質や行政サービスの向上につなげていくことを目的としている。

　中央官庁（霞が関）の働き方改革については、既にフレックスタイム制の拡充等の様々な取組を進めてきた。例えば、「夏の生活スタイル変革」（ゆうやけ時間活動推進：ゆう活）は記憶に新しいところであるが、この取組みも働き方改革の一環であるといえよう。明るい時間が長い夏の間は、朝早くから働き始め、夕方には家族などと過ごせるよう、夏の生活スタイルを変革する新たな国民運動であり、日本版サマータイム（夏時間）といえる。夏の時期に「朝型勤務」や「フレックスタイム制」などを推進し、夕方早くに職場を出るという生活スタイルに変えていくものであり、民間企業とともに政府も自主的な取組として推進してきた。

　ところで、霞が関の働き方改革を加速するための懇談会は、次のとおり、提言を出している。

　すなわち、①リモートアクセスとペーパーレス（各府省のシステム更改のタイミングでシンクライアントシステム等を導入し、職場にいなくても、安全な環境で職場ネットワークにアクセス（リモートアクセス）できるようにすること、ペーパーレスによる会議や説明等ができるよう、タブレット端末の活用、無線LAN環境の整備、文書管理の見直し等を進めること等）、②マネジメント改革（管理職のマネジメントとして求められる役割を明確化・具体化した上で、マネジメントに係る研修の強化や人事評価のプロセスを活用して、マネジメントとして求められる役割・行動を促すこと、超過勤務予定の事前把握の徹底、職員毎の仕事の状況や残業理由の見える化等）、③仕事をやめる仕組み（既存業務の廃止、府省に共通する業務の改革を働き方改革と連携して行う体制整備等）、④国会対応業務の改善（国会対応業務のプロセスの見える化・業務の効

率化等）、⑤「働き方改革」を更に加速させるための仕掛け（各府省中堅、若手職員による「働き方改革推進チーム」を作り、霞が関全体の「働き方改革」の進展を図る等）である。

(3) 地方公共団体における多様な人材の活躍と働き方改革に関する研究会

　以上は国家公務員に関する働き方改革の方向性であるが、その一方、地方公務員の働き方改革についてはどのような検討がなされているか見てみよう。

　近時、地方公務員をとりまく状況については大きく変化している。例えば、平成28年4月に施行された改正地方公務員法（地方公務員法及び地方独立行政法人法の一部を改正する法律）により、地方公共団体において、能力・業績に基づく人事管理の徹底を図る人事評価制度の導入が義務付けられた。また、女性の職業生活における活躍の推進に関する法律（女性活躍推進法）の成立により各地方公共団体は女性活躍に関する定量的目標や取組などを定めた「特定事業主行動計画」の策定が義務付けられ、「第4次男女共同参画基本計画」が閣議決定され、都道府県・市町村それぞれについて女性職員の登用の目標が設定されており、女性活躍推進の動きは加速している。さらに、年金支給開始年齢の段階的引上げに伴う再任用の義務化、臨時・非常勤職員の活用拡大等も挙げられよう。

　こうした法改正等の変化を踏まえて、各地方公共団体は人材育成や働き方の見直しに取り組む必要があるとして、総務省は、平成28年5月、地方公共団体における多様な人材の活躍と働き方改革に関する研究会を開催した。

　「地方公共団体における多様な人材の活躍と働き方改革に関する研究会報告書」（39頁）によると、「働き方の見直し」として、各地方公共団体によるグッドプラクティス（取組例）を取り上げつつ、①効率的な業務運営や業績を重視する職場環境の実現（労働時間の長さよりも業績や業務の改善・効率化を重視する職場環境を実現していくこと等）、②より効率的かつ柔軟な働き方の推進（フレックスタイム制やテレワーク、ゆう活といった、従来の固定化された勤務時間や勤務場所にとらわれないワークスタイルの推進等）、③進捗状況・業績を管理する仕組みの確立（業務の進捗状況や業績を管理する仕組みを確立

第2章 働き方改革関連法の概要

し、個々の職員が能力を最大限に発揮し、業績を挙げられるようにすること等）
を提示している。この点、各地方公共団体における地方公務員の働き方改革の
方向性を示唆しているといえよう。

(4) まとめ

　公務員は働き方改革関連法の適用を受けないとはいえ、中央官庁（霞が関）
の働き方の見直しこそ、働き方改革関連法の実効性につながり、わが国の社会
全体の「働き方」や「労働観」が変わるといえよう。公務労働に関しても、働
き方改革実行計画に基づいて、女性が活躍しやすい環境整備や臨時・非常勤職
員及び任期付職員の待遇改善、国会等の議会対応、紙決裁の合理化・効率化、
テレワーク等の活用による柔軟な働き方等、加速させる必要がある。

【参考文献】

- 厚生労働省ホームページ「『働き方改革』の実現に向けて」
  （http://www.mhlw.go.jp/stf/seisakunitsuite/bunya/0000148322.html）
- 首相官邸ホームページ「働き方改革の実現」
  （http://www.kantei.go.jp/jp/headline/ichiokusoukatsuyaku/hatarakikata.html）
- 内閣官房ホームページ「霞が関の働き方改革を加速するための懇談会」
  （www.cas.go.jp/jp/gaiyou/jimu/jinjikyoku/jinji_hatarakikata/）
- 総務省ホームページ「地方公共団体における多様な人材の活躍と働き方改革
  に関する研究会」
  （www.soumu.go.jp/main_sosiki/kenkyu/chihoukoukyou_tayou/index.html）
- 野田進「『働き方改革推進整備法』法律案要項をめぐる論点」（ジュリスト
  1513号52頁以下（2017年））
- 毛塚勝利、土田道夫、野田進他「特集『働き方改革実行計画』の検討」に収
  録されている各論文（労働法律旬報1890号（2017年））
- 濱口桂一郎、和田肇他「特集：『働き方改革』はどこへ向かうのか」に収録さ
  れている各論文（季刊労働法258号（2017年））
- 今野浩一郎「働き方改革と人事管理」（ジュリスト1513号62頁（2017年））
- 和田肇「『働き方改革法案』の評価」（法学セミナー762号12頁（2018年））
- 浜村彰「高度プロフェッショナル制度は働き方改革なのか——時間に拘束さ
  れない働き方とは」（法学セミナー762号17頁（2018年））

第3章
残業上限規制 ～長時間労働の是正～

1 はじめに

「娘が死ぬほど辛かった、死の原因となった連続の深夜残業・休日出勤。これらの業務が私的情報収集・自己啓発などの名目で業務として認められていなかったこと。このことが原因で、娘の残業申告時間は月70時間に収まっていました。そのため、娘は産業医との面談も受診もしていませんでした。これらが業務として認められていたら、残業時間を正確に申告することが許されていたら、娘はどこかで誰かに救われていたかもしれません。娘は死なずにすんだかもしれません。」（大手広告代理店社員だった高橋まつりさんの母幸美さんの報道発表文書（抜粋）：毎日新聞2017年1月20日付）

今回の働き方改革関連法の重要な改正点の一つとして、残業上限規制が挙げられる。周知の通り、わが国において長時間労働が問題となっており、過労死・過労自殺（自死）につながる長時間労働の削減は、喫緊の課題であるとこれまでも認識されてきた。過去には、「働き方の見直し」に向けた企業への働きかけや長時間労働が疑われる事業場に対する監督指導の徹底（例えば、厚生労働省「過重労働撲滅特別対策班」（かとく）による摘発）等を実施してきたものの、長時間労働抑止の実効性がないこと、過労死・過労自殺（自死）事件が多発したことなどから、国民的議論を喚起する問題へと発展していった（図表13及び図表14）。

長時間労働の是正の論点を含め、働き方改革関連法によって、労働法の世界は、労働（立）法政策の時代へと大きくパラダイム転換したといえる。働き方改革関連法は、少子高齢化に伴う労働生産人口の減少等の諸課題を解決することを目的としている。労働者の多様な働き方を尊重し、就業機会の拡大や意欲・能力を存分に発揮できる環境を作る点に意義があり、労働（立）法政策の観点から、重要な改正が数多くなされている。これまでの労働法制の法解釈を踏ま

43

第3章　残業上限規制　〜長時間労働の是正〜

図表13　年間総実労働時間の推移（パートタイム労働者を含む）

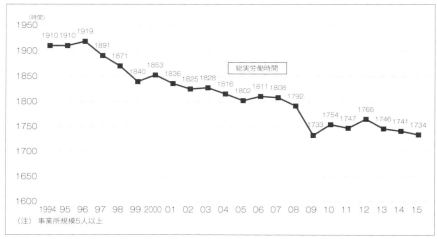

出所：厚生労働省「毎月勤労統計調査」

図表14　就業形態別年間総実労働時間及びパートタイム労働者比率の推移

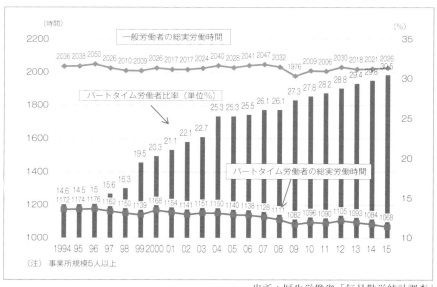

出所：厚生労働省「毎月勤労統計調査」

え、政府主導の労働（立）法政策とその法解釈学との均衡（バランス）が求められている。

　そこで、本章では、労働時間に関する制度の見直し（労働基準法関連）にフォーカスして改正点の解説を行いたい。なお、残業上限規制以外の労働時間法規制、例えば、高度プロフェッショナル制度や勤務間インターバル等の解説については、次章に譲ることとする。

2　これまでの長時間労働に関する法規制

⑴　労働基準法上の労働時間法規制（法制）

　昭和22（1947）年に制定された労働基準法は、今年で71年を迎えた。労働基準法は、労働条件の基準等、企業と個々の労働者との間の個別的労働関係に関する取締法規としての法的性質を有している。労働基準法１条は、憲法25条（生存権）を受けて、「労働条件は、労働者が人たるに値する生活を営むための必要を充たすべきものでなければならない」と定め、「労働関係の当事者は、この基準を理由として労働条件を低下させてはならないことはもとより、その向上を図るように努めなければならない」と規定する（同条２項）。また、労働基準法の第４章として「労働時間、休憩、休日及び年次有給休暇」に関する規定を置いている。

　労働基準法は、労働者に休憩時間を除き１週間について40時間、１日について８時間を超えて労働させてはならない旨、強行法規として定め（32条）、原則として、この上限（法定労働時間）を超えて労働させる旨の労働契約や業務命令は違法とされて無効となる（13条）。加えて、労働基準法32条に違反した使用者には罰則が適用される（119条１項）。なお、時間外労働とは、１日または１週の法的労働時間を超える労働をいい、休日労働とは、週休制における法定基準による法定休日での労働をいう。

　しかし、例外として、①災害その他の避けることのできない理由により臨時の必要がある場合（労働基準法33条）及び②使用者が過半数労働組合または過半数代表者との間に労働時間の延長等に関する協定（根拠条文の定数から

45

第3章　残業上限規制　〜長時間労働の是正〜

「三六協定」と呼ばれる）を締結し、届け出た場合は、上記の法規制は適用されない（労基法36条）。

　三六協定の締結にあたっては、「時間外又は休日の労働をさせる必要のある具体的事由、業務の種類、労働者の数並びに一日及び一日を超える一定の期間についての延長することができる時間又は労働させることができる休日」を定める必要がある（労働基準法施行規則16条1項）。例えば、納期に差し迫っていることや、繁忙期であること、また、当面の人員不足に対応すること等の具体的事由が求められる。

　このように時間外労働の上限については、当初より、三六協定の取り決めの範囲内で規律されてきたが、昭和57（1982）年、旧労働省（労働大臣告示）により「時間外労働協定の適正化指針」が定められ、自主的な長時間労働の抑制を促してきたものの、実効性はなかった。その後、労働基準法は、昭和62（1987）年以降、労働時間の短縮と柔軟な労働時間制度を目的として、度重ねて改正が行われてきた。例えば、法定労働時間を週48時間から週40時間に引き下げ、週休2日制を普及させることで労働時間の短縮化は進んだものの、長時間労働の削減にはつながらなかった。また、柔軟な労働時間制度として、1日1週の法定労働時間制度を柔軟にした制度である「変形労働時間制」や「フレックスタイム制」、実労働時間の算定を免除する「みなし労働時間制」（事業場外労働・裁量労働制）が導入された。

　平成5（1993）年からは、以下の**図表15**の通り、具体的な上限時間が定め

図表15　時間外労働の上限基準（一般の労働者の場合）

期間	時間外労働の上限時間
1週間	15時間
2週間	27時間
4週間	43時間
1ヶ月	45時間
2ヶ月	81時間
3ヶ月	120時間
1年間	360時間

筆者作成

2　これまでの長時間労働に関する法規制

られるに至ったが、結局のところ、これまでと同じく法的な強制力はなく、労使間の自主的取組の中で対応せざるを得なかった。

　こうした指針による対応から、平成10（1998）年、実質的な法的拘束力を及ぼす法改正に踏み切る。すなわち、「時間外労働協定の適正化指針」を法的根拠として労働基準法に落とし込み、実効性を高める狙いのもと、法改正が行われたのである。

　すなわち、労働大臣（現厚生労働大臣）は、「労働時間の延長を適正なものとするため、前項の協定で定める労働時間の延長の限度、当該労働時間の延長に係る割増賃金の率その他の必要な事項について、労働者の福祉、時間外労働の動向その他の事情を考慮して基準を定めることができる」としている（36条2項）。また、労使間において「労働時間の延長を定めるに当たり、当該協定の内容が前項の基準に適合したものとなるようにしなければならない」とし（36条3項）、行政官庁（労働基準監督署長）は、「必要な助言及び指導を行うことができる」として規定された。併せて「三六協定による時間外労働の限度に関する基準」も法改正に伴い規定され、従来の「時間外労働協定の適正化指針」の内容に基づいて定められた（（3ヶ月を超える）1年単位の変形労働時間制の適用労働者の場合は、図表16の通りである）。

　しかし、この「三六協定による時間外労働の限度に関する基準」の法的効力については、労使間において時間外労働の上限を定める際の遵守事項としての

図表16　時間外労働の上限基準（（3ヶ月を超える）1年
単位の変形労働時間制の適用労働者の場合）

期間	時間外労働の上限時間
1週間	14時間
2週間	25時間
4週間	40時間
1ヶ月	42時間
2ヶ月	75時間
3ヶ月	110時間
1年間	320時間

筆者作成

第3章　残業上限規制 ～長時間労働の是正～

「基準」（時間外労働の適正化のための行政指導の強化）に過ぎず、使用者がこれを超えて時間外労働をさせた場合、基準違反に対する強行的な効力までは及ばなかったといえる。法定上の長時間労働の上限規制は存在していない状況がこれまで継続していたといえる。

　時間外労働、休日労働等の割増賃金に関しては、「通常の労働時間又は労働日の賃金の計算額の2割5分以上5割以下の範囲内でそれぞれ政令で定める率以上の率で計算した割増賃金を支払わなければならない」とされている。

　また、平成20（2008）年の法改正によって「延長して労働させた時間が1箇月について60時間を超えた場合においては、その超えた時間の労働については、通常の労働時間の賃金の計算額の5割以上の率で計算した割増賃金を支払わなければならない」と規定している（37条）。

(2)　労働時間法規制（法制）と人事労務管理（現場）との乖離

　このように労働時間、とりわけ長時間労働については、労働基準法や労使間の事業場の協定である三六協定によって規律されてきた。とはいえ、わが国の雇用慣行として、この三六協定によって長時間労働や休日労働が助長されてきた実態を指摘しておきたい。

　これまで法律上、時間外労働の上限を設定することもなかったため、8時間労働時間制の遵守させる規制はなかったといえる。手続的にも極めて簡易な、事業場の労使協定である三六協定によって長時間労働は、業務の繁忙期に限った臨時的・例外的な働き方ではなく、むしろ恒常的・慢性的なものとなっていたといえよう。長時間労働を前提としたわが国の労働慣行が重く圧し掛かり、結局のところ、各企業における業務の効率化や各労働者の仕事量（配分）の見直しにはつながらなかった。

　そして、三六協定を根拠にして、法定労働時間外の労働契約上の義務が課せられた点も長時間労働を助長させた面も少なくない。最高裁判例によると、使用者が、三六協定を締結して労働基準監督署に届け出た場合に、就業規則に、三六協定の範囲内で業務上の必要があれば労働時間を延長して労働者を労働させることができる旨を定めているときは、「就業規則の規定内容が、合理的なものである限り、使用者と労働者の間の労働契約の内容」となり、「就業規則

の適用を受ける労働者は、その定めるところに従って時間外労働を行う義務を負う」ことになる（日立製作所武蔵工場事件・最一小判平成3年11月28日民集45巻8号1270頁）。したがって、労働者本人の意思はともかくとして、適法な三六協定の締結と届出がなされており、かつ、就業規則上、「業務上の必要がある時は時間外労働を命じうる」旨の定めがあれば、時間外労働が労働契約上の義務内容となることとなる。なお、就業規則が労働契約の内容となるためには、その内容が労働者に周知され、かつ合理的でなければならない（労働契約法7条）。

ただし、青天井的に使用者による長時間労働命令が許容されるわけではなく、ケース・バイ・ケースにより、時間外労働命令の妥当性を検討する必要がある。例えば、業務上の必要性がない場合、労働者本人の疾病や家庭の事情等、労働者にとってやむを得ない事情が生じている場合は、その時間外労働命令は、権利濫用に該当して違法となる可能性があろう。

なお、付言しておくと、三六協定に伴う長時間労働の背後には、労働基準監督行政による執行力の脆弱さなども指摘せざるを得ない。

3 働き方改革関連法成立に伴う時間外労働（残業）の上限規制（労働基準法の一部改正）

(1) 法改正の概要（アウトライン）

残業の上限規制については、「働き方改革実行計画」にも定められ、政府主導で進められた改正点であると位置づけることができる。働き方改革関連法によって労働基準法を改正することになるが、残業の上限規制について、罰則をもって強制する方法を採り、厳格な規制強化となっている。世に大きく喧伝された平成28年9月の大手広告代理店社員による過労自殺（自死）が大きく影響を及ぼしたものと考えられる。

残業の上限規制の施行日は平成31年4月と定められており、早急な対応が求められるが、各企業における業務の効率化や各労働者の仕事量（配分）の見直しに着手することが先決である。

なお、労働法制における、いわゆる「平成30年問題」と呼ばれている有期雇用契約の無期転換権の発生（平成30年4月）や労働者派遣の期間制限（平成30年9月）を含めて、諸規定の改定等を抜本的に行う必要がある。特に、中小企業における労働法務・人事労務経理の実務に大きく影響を及ぼすものと思われる。

(2)　政府による働き方改革と具体的な取組内容

第2章で記した通り、政府による働き方改革をめぐる政策立案において、長時間労働（残業）の是正は、我が国の労働者の「働き方」を再考する上でも不可欠な重要論点の一つであった。また、大手広告代理店社員の過労死・過労自殺（自死）が社会問題化したことなどから、過労死等の防止のための対策を推進し、過労死等をなくして仕事と生活を調和させて健康で充実して働き続けることのできる社会の実現に向けて「過労死等防止対策推進法」が平成26年11月に施行された。

先述の平成27年6月に閣議決定された「日本再興戦略改訂2015」において、「働き過ぎ防止のための取組強化」が盛り込まれ、過労死等防止対策推進法に基づき、「過労死等の防止のための対策に関する大綱」（平成27年7月24日閣議決定）が定められる等、長時間労働の抑止対策が講じられてきた。また、厚生労働大臣を本部長とする「長時間労働削減推進本部」を設置し、本部内に「過重労働等撲滅チーム」と「働き方改革・休暇取得促進チーム」を組織して、長時間労働削減の徹底に向けた重点監督の実施や相談体制の強化等を進めてきた。さらに、各都道府県労働局に労働局長を本部長とする「働き方改革推進本部」を設置し、長時間労働の抑制や年次有給休暇の取得促進等の「働き方改革」について、労使団体への協力要請や情報発信等の取組みを促進させてきた。

その他、労働基準監督署長による企業の経営幹部に対する指導や労働局長による企業の経営トップに対する指導及び企業名の公表等も行ってきた。前述の通り、特に過重労働事案であって、複数の支店において労働者に健康被害のおそれがあるものや犯罪事実の立証に高度な捜査技術が必要となるもの等に対しては、平成27年4月から東京労働局と大阪労働局に「過重労働撲滅特別対策

3 働き方改革関連法成立に伴う時間外労働(残業)の上限規制(労働基準法の一部改正)

班」(かとく) を新設し、過重労働対策の一層の強化を図ってきた。

(3) 「働き方改革実行計画」における長時間労働（残業）の上限規制

　働き方改革実行計画によると、「法改正の考え方」として、「今回の法改正は、まさに、現行の限度基準告示を法律に格上げし、罰則による強制力を持たせるとともに、従来、上限無く時間外労働が可能となっていた臨時的な特別の事情がある場合として労使が合意した場合であっても、上回ることのできない上限を設定する」ことを明示している。

　この「法改正の考え方」に基づき、①週40時間を超えて労働可能となる時間外労働の限度を、原則として、月45時間、かつ、年360時間とすること、②特例として、臨時的な特別の事情がある場合として、労使が合意して労使協定を結ぶ場合においても、上回ることができない時間外労働時間を年720時間とすること、かつ、年720時間以内において、一時的に事務量が増加する場合について、最低限、上回ることのできない上限として、以下の内容が定められた。
・2ヶ月、3ヶ月、4ヶ月、5ヶ月、6ヶ月の平均で、いずれにおいても、休日労働を含んで、80時間以内
・単月では、休日労働を含んで100時間未満
・原則を上回る特例の適用は、年6回を上限
　また、労使が上限値までの協定締結を回避する努力が求められる点で合意し

図表17　時間外労働の上限規制

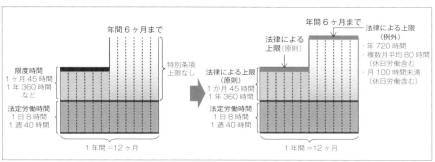

出所：厚生労働省ホームページ

第3章　残業上限規制 〜長時間労働の是正〜

たことに鑑み、さらに可能な限り労働時間の延長を短くするため、新たに労働基準法に指針を定める規定を設け、行政官庁（労働基準監督署等）は、当該指針に関し、労使等に対し、必要な助言・指導を行えるようにすることとされた（図表17）。

⑷　働き方改革関連法における時間外労働の上限に関する原則

　働き方改革関連法は、基本的に働き方改革実行計画を踏襲している。すなわち、時間外労働の上限について、罰則付きの法的強制力を有し、具体的には、月45時間、年360時間を原則とし、臨時的な特別な事情がある場合でも年720時間、単月100時間未満（休日労働含む）、複数月平均80時間（休日労働含む）を限度に設定している。

　ただし、建設事業、自動車運転業務、医師の医療業務については、**図表18**の通り、適用に猶予期間（5年間）を設けている。

　その上で、三六協定に定めるべき具体的な条項が明記されている（36条2項1号〜5号）。すなわち、①「この条の規定により労働時間を延長し、又は休日に労働させることができることとされる労働者の範囲」、②「対象期間」、③「労働時間を延長し、又は休日に労働させることができる場合」、④「対象期間における一日、一箇月及び一年のそれぞれの期間について労働時間を延長して労働させることができる時間又は労働させることができる休日の日数」、⑤「労働時間の延長及び休日の労働を適正なものとするために必要な事項として厚生労働省令で定める事項」（健康確保措置、限度時間を超えた時間の割増率等）である。既述の労働基準法施行規則16条1項を法律事項として明記したことになる。

　次に、労働時間を延長して労働させることができる時間（延長時間）は、「当該事業場の業務量、時間外労働の動向その他の事情を考慮して通常予見される時間外労働の範囲内において、限度時間を超えない時間に限る」（36条3項）と具体的な列挙事項をもとに定められた。なお、限度時間は、1ヶ月について45時間及び1年について360時間（対象期間が3ヶ月を超える1年単位の変形労働時間制を採用する場合、「1ヶ月について42時間及び1年について320時

3 働き方改革関連法成立に伴う時間外労働(残業)の上限規制(労働基準法の一部改正)

図表18 適用除外該当業務

該当業務	具体的内容
新技術・新商品等の研究開発業務	医師の面接指導(※)、代替休暇の付与等の健康確保措置を設けた上で、時間外労働の上限規制は適用しない。 ※時間外労働が一定時間を超える場合には、事業主は、その者に必ず医師による面接指導を受けさせなければならないこととする。(労働安全衛生法の改正)
建設事業	改正法施行5年後に、一般則を適用。(ただし、災害時における復旧・復興の事業については、1か月100時間未満・複数月80時間以内の要件は適用しない。この点についても、将来的に一般則の適用を目指す)。
自動車運転の業務	改正法施行5年後に、時間外労働の上限規制を適用。上限時間は、年960時間とし、将来的に一般則の適用を目指す。
医師	改正法施行5年後に、時間外労働の上限規制を適用。具体的な上限時間等は省令で定めることとし、医療界の参加による検討の場において、規制の具体的あり方、労働時間の短縮策等について検討し、結論を得る。
鹿児島県及び沖縄県における砂糖製造業	改正法施行3年間は、1か月100時間未満・複数月80時間以内の要件は適用しない。(改正法施行3年後に、一般則を適用)

筆者作成

間」)と定められた。大企業や中小企業等、企業規模を問わず、一律的に時間外労働の上限が定められたことになる。

(5) 働き方改革関連法における時間外労働の上限に関する例外

続いて、時間外労働の上限に関する例外条項であるが、三六協定には、「事業場における通常予見することのできない業務量の大幅な増加等に伴い臨時的に……(略)……限度時間を超えて労働させる必要がある場合」、1ヶ月の休日労働を含む延長時間を定めることができるが、その時間は1ヶ月に100時間未満の範囲内に限定される(36条6項2号)。また、1年について720時間を超えない範囲で延長時間を定めることが可能であり、この場合、1ヶ月につき45時間(対象期間が3ヶ月を超える1年単位の変形労働時間制を採用する場合、1ヶ月について42時間)を超えることができる月数を定めなければならず、1年について6ヶ月以内に限られる(36条5項)。

なお、三六協定の定めによって労使の合意により時間外労働や休日労働をさせる場合でも、以下の**図表19**の制限が課せられる。

53

第3章　残業上限規制　～長時間労働の是正～

図表19　労働基準法36条6項における付加要件

	対　　象	付加される制約
1	坑内労働その他厚生労働省令で定める健康上特に有害な業務について、1日について労働時間を延長して労働させた時間	2時間を超えないこと
2	1箇月について労働時間を延長して労働させ、及び休日において労働させた時間	100時間未満であること
3	対象期間の初日から1箇月ごとに区分した各期間に当該各期間の直前の1箇月、2箇月、3箇月、4箇月及び5箇月の期間を加えたそれぞれの期間における労働時間を延長して労働させ、及び休日において労働させた時間の1箇月当たりの平均時間	80時間を超えないこと

筆者作成

(6)　行政官庁による助言・指導等、その他関連する法規制

　厚生労働大臣は、「労働時間の延長及び休日の労働を適正なものとするため」に、三六協定で定める労働時間の延長及び休日の労働の協定で定める労働時間の延長の限度、当該労働時間の延長に係る割増賃金の率その他の必要な事項について、「労働者の健康、福祉、時間外労働の動向その他の事情を考慮して指針」を定めることができ（労働基準法36条7項）、三六協定で労働時間の延長及び休日の労働を定めるにあたって、この指針に適合するようにしなければならない（同法36条8項）。また、行政官庁は、三六協定の当事者に対して、助言及び指導を行うことが可能であると定め、この場合、労働者の健康が確保されるよう特に配慮しなければならないとされている（同法36条9項及び10項）。

　なお、業種を特定して、適用除外を定めており、詳細については、**図表18**の通りである。

(7)　罰則

　今回の改正で罰則が設けられ、刑罰規定をもって抑止的効果を及ぼさせ、長時間労働の上限規制の遵守を図っている。

　具体的には、**図表19**の3つの規制に違反すると、罰則（6ヶ月以下の懲役

又は30万円以下の罰金）が科せられる（119条）。

　実務上、これまで以上に各労働者の労働時間の管理を厳格に行う必要が生じ、とりわけ図表19の「1箇月当たりの平均時間」の算定は困難を極めると思われる。

4 衆議院及び参議院厚生労働委員会による働き方改革関連法案に対する附帯決議

　働き方改革関連法の施行にあたって、衆議院及び参議院の厚生労働委員会により附帯決議が出されている。政府は、決議された各事項について適切な措置を講ずるべきであるとしている。以下、本章に関連する内容を概括的に説明することとする。

　第1に、労働基準監督署による違法な長時間労働に対する指導監督を徹底することである。労働基準法32条にいう「一日8時間、週40時間以内」が労働時間の基本原則であり、この基本原則を踏まえ、政府の雇用・労働政策を進めるとともに、三六協定締結の場合であっても、できる限り時間外労働が短く、また、休日労働が抑制されるよう、指針に基づく助言及び指導を適切に行うことが示されている。

　第2に、労使が年720時間までの特例に係る協定を締結するにあたっては、それがあくまで通常予見できない等の臨時の事態への特例的な対応であるべきこと、安易な特例の活用は長時間労働の削減を目指す本法の趣旨に反するもので、具体的な事由を挙げず、単に「業務の都合上必要なとき」又は「業務上やむを得ないとき」と定めるなど恒常的な長時間労働を招くおそれがあるもの等については特例が認められないこと等を指針等で明確化し、周知徹底することである。併せて、こうした点について、都道府県労働局及び労働基準監督署において必要な助言指導を実施することも求められている。

　第3に、時間外労働の上限規制の適用が猶予される業務（自動車運転業務、建設事業、医師）については、その適用猶予期間においても時間外労働時間の削減に向けた実効性ある取組を関係省庁及び関係団体等の連携・協力を強化して推し進めることである。特に、自動車運転業務については、過労死等の防止

第3章　残業上限規制 〜長時間労働の是正〜

の観点から、「自動車運転者の労働時間等の改善のための基準」の総拘束時間等の改善について、関係省庁と連携し、速やかに検討を開始することとされている。

第4に、特例的延長の場合においては、時間外労働時間の設定次第では4週間で最大160時間までの時間外労働が可能であり、そのような短期に集中して時間外労働を行わせることは望ましくないことを周知徹底することである。労働基準法の趣旨や労使間の交渉力等の不均衡を踏まえて、都道府県労働局及び労働基準監督署を中心として適切な周知が必要である。

第5に、長時間労働削減策の実行に併せ、事業主が個々の労働者の労働時間の状況の把握を徹底し、かつその適正な記録と保存、労働者の求めに応じた労働時間情報の開示を推奨することなど、実効性ある改善策を講じていくことである。使用者に対し、労働者の労働時間の厳格な管理を要請するものであり、労働者としても種々の証跡を保管するなど、自己の労働時間を把握することも肝要であろう。

その他、事業主が特例の上限時間内であってもその雇用する労働者への安全配慮義務を負うこと、医師の働き方改革や教員の働き方改革について言及していることなどが掲げられている。

以上の各項目については、働き方改革関連法の制定過程での審議において論戦が繰り広げられた点であった。こうした附帯決議の内容を踏まえ、政府は具体的な施策を講じる必要がある。

働き方改革を推進するための関係法律の整備に関する法律案に対する附帯決議

平成三十年六月二十八日
参議院厚生労働委員会

政府は、本法の施行に当たり、次の事項について適切な措置を講ずるべきである。

一、労働時間の基本原則は、労働基準法第三十二条に規定されている「一日八時間、週四十時間以内」であって、その法定労働時間の枠内で働けば、労働基準法第一条が規定する「人たるに値する生活を営む」ことのできる労働条件が実現されることを再確認し、本法に基づく施策の推進と併せ、政府の雇用・労働政策の基本としてその達成に向けた努力を継続すること。

二、働き過ぎによる過労死等を防止するため、労使合意に基づいて法定労働時間を超えて仕事をすることができる時間外労働時間の上限については、時間外労働の上限規制が適用さ

れる業務だけでなく、適用猶予後の自動車の運転業務や建設事業等についても、時間外労働の原則的上限は月四十五時間、年三百六十時間であり、労使は三六協定を締結するに際して全ての事業場がまずはその原則水準内に収める努力をすべきであること、休日労働は最小限に抑制すべきことについて指針に明記し、当該労使に周知徹底を図るとともに、とりわけ中小企業に対し、その達成に向けた労使の取組を政府として適切に支援すること。

三、労使が年七百二十時間までの特例に係る協定を締結するに当たっては、それがあくまで通常予見できない等の臨時の事態への特例的な対応であるべきこと、安易な特例の活用は長時間労働の削減を目指す本法の趣旨に反するもので、具体的な事由を挙げず、単に「業務の都合上必要なとき」又は「業務上やむを得ないとき」と定めるなど恒常的な長時間労働を招くおそれがあるもの等については特例が認められないこと、特例に係る協定を締結する場合にも可能な限り原則水準に近い時間外労働時間とすべきであることを指針等で明確化し、周知徹底するとともに、都道府県労働局及び労働基準監督署において必要な助言指導を実施すること。

四、特例的延長の場合においては、時間外労働時間の設定次第では四週間で最大百六十時間までの時間外労働が可能であり、そのような短期に集中して時間外労働を行わせることは望ましくないことを周知徹底すること。

五、事業主は、特例の上限時間内であってもその雇用する労働者への安全配慮義務を負うこと、また、脳・心臓疾患の労災認定基準においては発症前一箇月間の時間外・休日労働がおおむね百時間超又は発症前二箇月間から六箇月間の月平均時間外・休日労働がおおむね八十時間超の場合に業務と発症との関連性が強いと評価されることに留意するよう指針に定め、その徹底を図ること。

六、時間外労働時間の上限規制が五年間、適用猶予となる自動車運転業務、建設事業、医師については、その適用猶予期間においても時間外労働時間の削減に向けた実効性ある取組を関係省庁及び関係団体等の連携・協力を強化しつつ、推し進めること。

七、自動車運転業務の上限規制については、五年の適用猶予後の時間外労働時間の上限が休日を含まず年九百六十時間という水準に設定されるが、現状において過労死や精神疾患などの健康被害が最も深刻であり、かつそのために深刻な人手不足に陥っている運輸・物流産業の現状にも鑑み、決して物流を止めてはいけないという強い決意の下、できるだけ早期に一般則に移行できるよう、関係省庁及び関係労使や荷主等を含めた協議の場における議論を加速し、猶予期間においても、実効性ある実労働時間及び拘束時間削減策を講ずること。また、五年の適用猶予後に一般則の適用に向けた検討を行うに当たっては、一般則の全ての規定を直ちに全面的に適用することが困難な場合であっても、一部の規定又は一部の事業・業務についてだけでも先行的に適用することを含め検討すること。

八、自動車運転業務については、過労死等の防止の観点から、「自動車運転者の労働時間等の改善のための基準」の総拘束時間等の改善について、関係省庁と連携し、速やかに検討を開始すること。また、改善基準告示の見直しに当たっては、トラック運転者について、早朝・深夜の勤務、交代制勤務、宿泊を伴う勤務など多様な勤務実態や危険物の配送などその業務の特性を十分に踏まえて、労働政策審議会において検討し、勤務実態等に応じた基準を定めること。

九、改正労働基準法第百四十条第一項の遵守に向けた環境を整備するため、荷主の理解と協

第3章　残業上限規制 ～長時間労働の是正～

　　力を確保するための施策を強力に講ずるなど、取引環境の適正化や労働生産性の向上等の長時間労働是正に向けた環境整備に資する実効性ある具体的取組を速やかに推進すること。

十、医師の働き方改革については、応召義務等の特殊性を踏まえ、長時間労働等の勤務実態を十分考慮しつつ、地域における医療提供体制全体の在り方や医師一人一人の健康確保に関する視点を大切にしながら検討を進めること。

十一、教員の働き方改革については、教員の厳しい勤務実態や学校現場の特性を踏まえつつ、ＩＣＴやタイムカード等による勤務時間の客観的な把握等適正な勤務時間管理の徹底、労働安全衛生法に規定された衛生委員会の設置及び長時間勤務者に対する医師の面接指導など、長時間勤務の解消に向けた施策を推進すること。また、学校における三六協定の締結・届出等及び時間外労働の上限規制等の法令遵守の徹底を図ること。

十二、本法による長時間労働削減策の実行に併せ、事業主が個々の労働者の労働時間の状況の把握を徹底し、かつその適正な記録と保存、労働者の求めに応じた労働時間情報の開示を推奨することなど、実効性ある改善策を講じていくこと。

十三、本法において努力義務化された勤務間インターバル制度について、労働者の健康の保持や仕事と生活の調和を図るために有効な制度であることに鑑み、好事例の普及や労務管理に係るコンサルティングの実施等、その導入促進に向けた具体的な支援策の展開を早急に実施するとともに、次回の見直しにおいて義務化を実現することも目指して、そのための具体的な実態調査及び研究等を行うこと。なお、一日当たりの休息時間を設定するに際しては、我が国における通勤時間の実態等を十分に考慮し、真に生活と仕事との両立が可能な実効性ある休息時間が確保されるよう、労使の取組を支援すること。

十四、年次有給休暇の取得促進に関する使用者の付与義務に関して、使用者は、時季指定を行うに当たっては、年休権を有する労働者から時季に関する意見を聴くこと、その際には時季に関する労働者の意思を尊重し、不当に権利を制限しないことを省令に規定すること。また、労働基準監督署は、違反に対して適切に監督指導を行うこと。

十五、時間外労働時間の上限規制の実効性を確保し、本法が目指す長時間労働の削減や過労死ゼロを実現するためには、三六協定の協議・締結・運用における適正な労使関係の確保が必要不可欠であることから、とりわけ過半数労働組合が存在しない事業場における過半数代表者の選出をめぐる現状の課題を踏まえ、「使用者の意向による選出」は手続違反に当たること、及び、使用者は過半数代表者がその業務を円滑に推進できるよう必要な配慮を行わなければならない旨を省令に具体的に規定し、監督指導を徹底すること。また、使用者は、労働者が過半数代表者であること若しくは過半数代表者になろうとしたこと又は過半数代表者として正当な行為をしたことを理由として不利益な取扱いをしてはならない旨の省令に基づき、その違反に対しては厳しく対処すること。

十六、裁量労働制の適用及び運用の適正化を図る上で、専門業務型においては過半数労働組合又は過半数代表者、企画業務型においては労使委員会の適正な運用が必要不可欠であることから、前項の過半数代表の選出等の適正化に加え、労使委員会の委員を指名する過半数代表の選出についても同様の対策を検討し、具体策を講ずること。

十七、特に、中小企業・小規模事業者においては、法令に関する知識や労務管理体制が必ずしも十分でない事業者が数多く存在すると考えられることを踏まえ、行政機関の対応に当

58

4 衆議院及び参議院厚生労働委員会による働き方改革関連法案に対する附帯決議

たっては、その労働時間の動向、人材の確保の状況、取引の実態その他の事情を踏まえて必要な配慮を行うものとすること。

十八、裁量労働制については、今回発覚した平成二十五年度労働時間等総合実態調査の公的統計としての有意性・信頼性に関わる問題を真摯に反省し、改めて、現行の専門業務型及び企画業務型それぞれの裁量労働制の適用・運用実態を正確に把握し得る調査手法の設計を労使関係者の意見を聴きながら検討し、包括的な再調査を実施すること。その上で、現行の裁量労働制の制度の適正化を図るための制度改革案について検討を実施し、労働政策審議会における議論を行った上で早期に適正化策の実行を図ること。

十九、長時間労働の歯止めがないとの指摘を踏まえ、高度プロフェッショナル制度を導入するに当たっては、それが真に働く者の働きがいや自由で創造的な働き方につながる制度として運用され、かつそのような制度を自ら希望する労働者にのみ適用されなければならないことに留意し、この制度創設の趣旨にもとるような制度の誤用や濫用によって適用労働者の健康被害が引き起こされるような事態を決して許してはいけないことから、制度の趣旨に則った適正な運用について周知徹底するとともに、使用者による決議違反等に対しては厳正に対処すること。

二十、高度プロフェッショナル制度の適用労働者は、高度な専門職であり、使用者に対して強い交渉力を持つ者でなければならないという制度の趣旨に鑑み、政府は省令でその対象業務を定めるに当たっては対象業務を具体的かつ明確に限定列挙するとともに、法の趣旨を踏まえて、慎重かつ丁寧な議論を経て結論を得ること。労使委員会において対象業務を決議するに当たっても、要件に合致した業務が決議されるよう周知・指導を徹底するとともに、決議を受け付ける際にはその対象とされた業務が適用対象業務に該当するものであることを確認すること。

二十一、前項において届出が受け付けられた対象業務について、制度創設の趣旨に鑑み、使用者は始業・終業時間や深夜・休日労働など労働時間に関わる働き方についての業務命令や指示などを行ってはならないこと、及び実際の自由な働き方の裁量を奪うような成果や業務量の要求や納期・期限の設定などを行ってはならないことなどについて、省令で明確に規定し、監督指導を徹底すること。

二十二、高度プロフェッショナル制度の対象労働者の年収要件については、それが真に使用者に対して強い交渉力のある高度な専門職労働者にふさわしい処遇が保障される水準となるよう、労働政策審議会において真摯かつ丁寧な議論を行うこと。

二十三、高度プロフェッショナル制度を導入する全ての事業場に対して、労働基準監督署は立入調査を行い、法の趣旨に基づき、適用可否をきめ細かく確認し、必要な監督指導を行うこと。

二十四、今般の改正により新設される労働時間の状況の把握の義務化や、高度プロフェッショナル制度における健康管理時間の把握について、事業主による履行を徹底し、医師による面接指導の的確な実施等を通じ、労働者の健康が確保されるよう取り組むこと。

二十五、高度プロフェッショナル制度の対象となる労働者の健康確保を図るため、「健康管理時間」は客観的な方法による把握を原則とし、その適正な管理、記録、保存の在り方や、労働者等の求めに応じて開示する手続など、指針等で明確に示すとともに、労働基準監督署は、法定の健康確保措置の確実な実施に向けた監督指導を適切に行うこと。

第3章　残業上限規制　～長時間労働の是正～

二十六、高度プロフェッショナル制度適用労働者やその遺族などからの労災申請があった場合には、労働基準監督署は、当該労働者の労働時間の把握について徹底した調査を行う等、迅速かつ公正な対応を行うこと。

二十七、高度プロフェッショナル制度に関し、それが真に制度の適用を望む労働者にのみ適用されることを担保するためには、本人同意の手続の適正な運用が重要であることから、提供されるべき情報や書面での確認方法を含め、本人同意に係る手続の要件等について指針等において明確に規定するとともに、本人同意が適正に確保されることについて決議の届出の際に労働基準監督署において確認すること。また、使用者に対して、同意を得る際には不同意に対していかなる不利益取扱いもしてはならないこと、労働者が同意を撤回する場合の手続についても明確に決議した上で、同意の撤回を求めた労働者を速やかに制度から外すとともに、いかなる不利益取扱いもしてはならないことについて、周知徹底し、監督指導を徹底すること。

二十八、高度プロフェッショナル制度においても、使用者の労働者に対する安全配慮義務は課されることを踏まえ、労働基準監督署は、高度プロフェッショナル制度適用労働者の健康管理時間の把握・記録に関して、当該使用者に対して、適切な監督指導を行うこと。

二十九、高度プロフェッショナル制度を導入するに当たっての労使委員会における決議については、その制度創設の趣旨に鑑み、有効期間を定め、自動更新は認めないことを省令等において規定すること。加えて、本人同意については、対象労働者としての要件充足を適正に確認するためにも、短期の有期契約労働者においては労働契約の更新ごと、無期又は一年以上の労働契約においては一年ごとに合意内容の確認・更新が行われるべきであることを指針に規定し、監督指導を徹底すること。

三十、高度プロフェッショナル制度の具体的な実施の在り方については、多くの事項が省令に委任されていることから、委員会審査を通じて確認された立法趣旨や、本附帯決議の要請内容を十分に踏まえ、労働政策審議会における議論を速やかに開始し、省令等に委任されている一つ一つの事項について十分かつ丁寧な審議を行い、明確な規定を設定するとともに、対象事業主や労働者に対して十分な周知・啓発を行い、併せて監督指導する労働基準監督官等に対しても十分な教育・訓練を行うこと。

三十一、高度プロフェッショナル制度に関して、政府は、三年を目途に、適用対象者の健康管理時間の実態、労働者の意見、導入後の課題等について取りまとめを行い、本委員会に報告すること。

三十二、パートタイム労働法、労働契約法、労働者派遣法の三法改正による同一労働同一賃金は、非正規雇用労働者の待遇改善によって実現すべきであり、各社の労使による合意なき通常の労働者の待遇引下げは、基本的に三法改正の趣旨に反するとともに、労働条件の不利益変更法理にも抵触する可能性がある旨を指針等において明らかにし、その内容を労使に対して丁寧に周知・説明を行うことについて、労働政策審議会において検討を行うこと。

三十三、低処遇の通常の労働者に関する雇用管理区分を新設したり職務分離等を行ったりした場合でも、非正規雇用労働者と通常の労働者との不合理な待遇の禁止規定や差別的取扱いの禁止規定を回避することはできないものである旨を、指針等において明らかにすることについて、労働政策審議会において検討を行うこと。

4　衆議院及び参議院厚生労働委員会による働き方改革関連法案に対する附帯決議

三十四、派遣労働者の待遇決定に関して以下の措置を講ずること。

　1　派遣労働者の待遇決定は、派遣先に直接雇用される通常の労働者との均等・均衡が原則であって、労使協定による待遇改善方式は例外である旨を、派遣元事業主・派遣先の双方に対して丁寧に周知・説明を行うこと。

　2　労使協定の記載事項の一つである「派遣労働者が従事する業務と同種の業務に従事する一般の労働者の平均的な賃金の額」に関して、同等以上の賃金の額の基礎となる「一般の労働者の平均的な賃金の額」は、政府が公式統計等によって定めることを原則とし、やむを得ずその他の統計を活用する場合であっても、「一般の労働者の平均的な賃金の額」を示すものとして適切な統計とすることについて、労働政策審議会において検討を行うこと。

　3　労使協定における賃金の定めについては、対象派遣労働者に適用する就業規則等に記載すべきものである旨を周知徹底すること。

　4　労使協定で定めた内容を行政が適正に把握するため、派遣元事業主が、労働者派遣法第二十三条第一項に基づく事業報告において、改正労働者派遣法第三十条の四に定めている五つの労使協定記載事項を、それぞれ詳しく報告することとし、その内容を周知・徹底することについて、労働政策審議会において検討を行うこと。

三十五、使用者が、非正規雇用労働者に通常の労働者との待遇差を説明するに当たっては、非正規雇用労働者が理解できるような説明となるよう、資料の活用を基本にその説明方法の在り方について、労働政策審議会において検討を行うこと。

三十六、「働き方改革」の目的、及び一億総活躍社会の実現に向けては、本法が定める均等・均衡待遇の実現による不合理な待遇差の解消とともに、不本意非正規雇用労働者の正社員化や無期転換の促進による雇用の安定及び待遇の改善が必要であることから、引き続き、厚生労働省が策定する「正社員転換・待遇改善実現プラン」等の実効性ある推進に注力すること。

三十七、労働契約法第十八条の無期転換権を行使した労働者について、労働契約法による無期転換の状況等を踏まえ、必要な検討を加えること。

三十八、本委員会における審査を踏まえ、職場におけるパワーハラスメント等によって多くの労働者の健康被害が生じており、その規制・防止を行うことが喫緊の課題であるとの共通の認識に基づき、国際労働機関（ＩＬＯ）において「労働の世界における暴力とハラスメント」の禁止に向けた新たな国際労働基準の策定が行われることや、既に国連人権機関等からセクシュアルハラスメント等の禁止の法制度化を要請されていることも念頭に、実効性ある規制を担保するための法整備やパワーハラスメント等の防止に関するガイドラインの策定に向けた検討を、労働政策審議会において早急に開始すること。また、厚生労働省の「職場のパワーハラスメント防止対策についての検討会」報告書を踏まえ、顧客や取引先からの著しい迷惑行為について、関係者の協力の下で更なる実態把握を行うとともに、その対応策について具体的に検討すること。

三十九、多様な就業形態で就労する労働者（副業・兼業・雇用類似の者を含む）を保護する観点から、長時間労働の抑制や社会・労働保険の適用・給付、労災認定など、必要な保護措置について専門的な検討を加え、所要の措置を講ずること。特に、副業・兼業の際の、働き方の変化等を踏まえた実効性のある労働時間管理の在り方等について、労働者の健康

第３章　残業上限規制　〜長時間労働の是正〜

確保等にも配慮しつつ、検討を進めること。

四十、本法が目指す過労死ゼロ、長時間労働の削減、家庭生活と仕事との両立、及び女性の活躍などの働き方改革を実現するためには、法令の遵守を確保するための監督指導の徹底が必要不可欠であることから、労働基準監督官の増員を政府の優先事項として確保し、労働行政事務のシステム化を始め、労働基準監督署の体制強化を早急に図ること。また、短時間・有期雇用労働法及び労働者派遣法の適正な運用には、待遇改善推進指導官、雇用環境改善・均等推進指導官や需給調整指導官等の機能強化も重要であり、そのための体制の充実・強化や関係部署の有機的な連携・協力体制の増強を確保すること。

四十一、多様な就業形態が増加する中で、経営者あるいは労働者自らが労働法制や各種ルールについて知ることは大変重要であることを踏まえ、ワークルール教育の推進を図ること。

四十二、中小企業や小規模事業者において、時間外労働の上限規制が遵守できる環境を整えるために関係省庁が連携し、政府全体で中小企業の人材確保や取引条件等の改善に向けて適切な措置を講ずること。特に、中小企業庁とも協力して、働き方改革の推進を中小企業施策の一つの柱に位置付け、長時間労働につながる取引慣行の見直しを含めた業界改革につなげるよう取り組むこと。

四十三、事務所その他の作業場における労働者の休養、清潔保持等のため事業者が講ずるべき必要な措置について、働き方改革の実現には、職場環境の改善を図ることも重要であるとの観点を踏まえ、労働者のニーズを把握しつつ、関係省令等の必要な見直しを検討すること。

四十四、働き方改革実行計画の中で取組テーマとして掲載されている、就職氷河期世代への対応、子育て・介護と仕事の両立、外国人人材の受入れについても重要な課題であることから、現状把握や今後の対応等については各関係省庁と連携して取り組み、必要な措置を講ずること。

四十五、全ての労働者の健康確保が適切に行われるよう、産業医等産業保健活動の専門職の育成や衛生委員会の活性化等を通じて、産業医・産業保健機能の強化を確実に推進すること。とりわけ、五十人未満の小規模な事業場については、医師や保健師等産業保健活動の専門職の選任の促進、産業保健総合支援センターによる支援や研修等を通じた産業保健活動の担い手の確保を始め、産業保健機能の強化を図るための検討を行い、必要な措置を講ずるとともに、働き方改革推進支援センター等とも連携してきめ細かな支援を行うこと。併せて、当該事業場におけるストレスチェックの実施が効果的に促されるよう必要な支援を行うこと。

四十六、新技術・新商品等の研究開発業務に関し、現行制度で対象となっている範囲を超えた職種に拡大することのないよう、指導を徹底すること。また、新技術・新商品等の研究開発業務に従事する従業員に対しては、十分に手厚い健康確保措置を採るよう努めるものとすること。

四十七、働き方改革の実行の過渡期においては、いわゆる生活残業を行う従業員が生活困窮に陥ること、高度プロフェッショナル制度の運用の仕方が必ずしも適切ではないこと等の問題が生じる可能性があることから、本法施行後、労働時間等の実態についての調査を定期的に行い、現状を把握しつつ、働き方改革実行計画の必要な見直しを不断に行うこと。
右決議する。

衆議院附帯決議〔略〕

5 むすびにかえて　～今後の人事労務管理のあり方～

　働き方改革関連法によって、時間外労働（残業）の上限規制が労働基準法に明記されることに伴って、わが国の慢性的な長時間労働に歯止めがかかるとともに、正社員（正規雇用労働者）の働き方を見直すことにつながる。このことは過労死・過労自殺の未然防止につながるとともに、労働者の健康確保とワーク・ライフ・バランスに資するものであるから評価することができる。

　ただし、残された課題は山積している。例えば、時間外労働（残業）の減少による割増賃金（収入）の減少の問題、特に中小企業を中心とした少子高齢社会における人手不足（仕事の仕方、シフトの組み換え等）との関係、時間外労働（残業）の上限規制（1ヶ月の延長時間及び休日労働の時間が100時間未満であること等）を遵守していた場合においても過労死が発生した場合、労災認定（業務上認定）基準との関係等々が挙げられよう。そして、何よりも労働者に対する労働時間管理（上限規制の範囲内かどうかの確認）の対応を先決させて対応することが急務である。

　実務上、まずは徹底した「無駄な業務の排除」や「過剰サービスの是正」から始める必要がある。労働時間全体の短縮化を検討した上で、時間外労働（残業）の上限規制に関する労使の取組みの具体化策を進めることが望ましいであろう。なお、労働監督行政による長時間労働の取り締まりの強化策も急がれる。

　今後は、時間外労働（残業）の上限規制に関わって、具体的な手続等を定める省令の制定が急がれるが、具体的な制度設計については、公益代表、労働者代表、使用者代表の3者で構成される労働政策審議会での議論に期待したい。

第3章　残業上限規制　～長時間労働の是正～

【参考文献】

- 厚生労働省ホームページ「『働き方改革』の実現に向けて」
（http://www.mhlw.go.jp/stf/seisakunitsuite/bunya/0000148322.html）
- 首相官邸ホームページ「働き方改革の実現」
（http://www.kantei.go.jp/jp/headline/ichiokusoukatsuyaku/hatarakikata.html）
- 村中孝史・徳住堅治・中山慈夫「鼎談　働き方改革と法の役割」（ジュリスト1513号14頁（2017年））
- 野田進「『働き方改革推進整備法』法律案要項をめぐる論点」（ジュリスト1513号52頁以下（2017年））
- 島田陽一「働き方改革と労働時間法制の課題」（ジュリスト1517号56頁（2018年））
- 森岡孝二「時間外労働の上限規制で過労死はなくなるか」（法学セミナー762号23頁（2018年））

第4章
労働時間制 〜高度プロフェッショナル制度・勤務間インターバル制度等〜

1 多様で柔軟な働き方の実現への動き

はじめに

第1章及び第2章で述べた通り、第196回国会では、労働者がそれぞれの事情に応じた多様な働き方を選択できる社会を実現する「働き方改革」を総合的に推進するための施策が審議された。そのなかでも一番の目玉となったのは、高度プロフェッショナル制度(以下、「高プロ」という)の新設である。

1947年に労働基準法制定以降、我が国の産業構造は大きく変化してきた。ホワイトカラーの増加とともに、労働の対価を時間で支払うよりも、成果で支払ったほうが効率的であるという声が経済界から強まってきた。

高プロは、従来の労働時間法制の適用を外す制度であるが、まずは、現行の労働時間に関する規定を確認する。

(1) 従来の労働基準法の整理

① 一般原則

前章で述べた通り、労働基準法は、その第四章において、労働時間・休憩・休日及び年次有給休暇に関して、最低限の基準を規定している。

労働者にとって、最も基本となる労働時間について、労働基準法第32条第1項は、「使用者は、労働者に、休憩時間を除き1週間について40時間を超えて、労働させてはならない」と規定し、続いて、第2項で、「使用者は、1週間の各日については、労働者に、休憩時間を除き1日について8時間を超えて、労働させてはならない」と規定している。

このように、労働基準法は、使用者に対して、「8時間を超えて、労働させてはならない」と規定しており、違反すると使用者は罰則の対象となる。

第4章　労働時間制　～高度プロフェッショナル制度・勤務間インターバル制度等～

これを回避するためには、使用者と労働者（労働組合、または過半数代表者）は、労働基準法第36条の規定に基づき、労使協定（三六協定＝サブロク協定）を締結し、一定期間内で法定労働時間を超えた時間数について労働させることが認められる[1]。いわば、この三六協定は、事業主にとっての免罰的効果を発生させる手続なのである。

三六協定で免罰的効果を発生させる上限時間を設定しても、労働契約によって明示された所定労働時間よりも多く働いた場合には、時間外手当（法定労働時間を超えたら割増手当も加わる）の支払いが必要となる。

すなわち、労働基準法第32条は、使用者に労働時間管理の義務があることを当然の前提としており、使用者は、個々の労働者の始業時刻・終業時刻を適正に把握して、労働時間を算定する義務を負っている。

② 例外と弾力化

こうした使用者に課せられた労働時間管理の例外として「労働時間みなし制」や、労働時間管理は行うものの、原則規程を柔軟に取り扱う制度として「変形労働時間制」や「フレックスタイム制」が次々と導入された。

(2) ホワイトカラーに対する例外としての裁量労働制

我が国の産業別労働人口の構成比の変化にともない、ホワイトカラーが占める比率が高くなってくると、彼らの生産性の向上が強く求められるとともに、使用者側も労働時間数で報酬を支払うよりも、その成果で報酬を支払ったほうが合理的と考えるようになってきた。

そこで登場してきたのが、仕事の進め方を本人に委ねたほうが生産性が上がるとされる裁量労働制であり「専門業務型裁量労働制」と「企画業務型裁量労働制」の2つが制度として制定された。

① 専門業務型裁量労働制

専門業務型裁量労働制は、業務の性質上、業務遂行の手段や方法、時間配分等を大幅に労働者の裁量に委ねる必要がある業務として厚生労働省令及び厚生労働大臣告示によって定められた業務の中から、対象となる業務を労使で定め、労働者を実際にその業務に就かせた場合、労使であらかじめ定めら

れた時間働いたものとみなす制度である。

　専門業務型裁量労働制は、省令で定められた19業務[2]に限って、事業場の過半数労働組合又は過半数代表者との労使協定を締結することによって導入することができる。

② 　企画業務型裁量労働制

　企画業務型裁量労働制は、事業の運営に関する事項についての企画、立案、調査及び分析の業務であって、当該業務の性質上これを適切に遂行するにはその遂行方法を大幅に労働者にゆだねる必要があるため、当該業務の遂行の手段及び時間配分の決定等に関し使用者が具体的な指示をしないこととする業務が対象である。そして、対象業務を適切に遂行するための知識、経験等を有する労働者であって、当該業務に就かせたときは労使委員会[3]における決議[4]で定める時間労働したものとみなされる[5]。

2 多様で柔軟な働き方の実現へ ―高度プロフェッショナル制度の創設―

(1) 裁量労働制対象業務拡大は法案から削除

　当初、政府は裁量労働制における対象業務の拡大を視野に入れていた。しかし、働き方改革関連法案が審議されるなかで、政府が提出した裁量労働制に関するデータについて不備が指摘・批判され、第196回国会においては、裁量労働制の対象業務を拡大する部分は削除された。

　既述の通り、「高プロ」創設に関しては、平成27年の第189回国会にも提出されていた。その後、「働き方改革実現会議」が発足し、働き方改革実行計画が決定されたものの、衆議院解散により審議未了、廃案となった。

　その後、「高プロ」制度は経済界からの強い要請もあって、第196回国会で再び審議された。以下で、「高プロ」制度の概要について整理をする。

第４章　労働時間制 〜高度プロフェッショナル制度・勤務間インターバル制度等〜

⑵　高度プロフェッショナル制度（高プロ）（労働基準法の改正）

ア　対象業務

「高度の専門的知識等を必要とする」とともに「従事した時間と従事して得た成果との関連性が通常高くないと認められる」という性質の範囲内で、具体的には法案成立後に省令で規定するとしている。

　想定される業務としては、金融商品の開発業務、金融商品のディーリング業務、アナリストの業務（企業・市場等の高度な分析業務）、コンサルタントの業務（事業・業務の企画運営に関する高度な考案又は助言の業務）、研究開発業務等があげられている。

イ　対象労働者

以下の要件を整えた者が対象者とされる。

①　書面等による合意に基づき職務が明確に定められている労働者

②　「１年間に支払われると見込まれる賃金の額が、『平均給与額』[6]の３倍を相当程度上回る」水準として、1,075万円以上である労働者

ウ　健康管理時間に基づく健康確保措置等（労働安全衛生法の改正）

　使用者に対して、高プロ対象者の健康確保措置として、年間104日の休日確保措置を義務化する。

　これに加えて、以下の①〜④のいずれかの措置の実施を義務化する（選択的措置）。

①　インターバル措置

②　１ヵ月又は３ヵ月の在社時間等の上限措置

③　２週間連続の休日確保措置

④　臨時の健康診断

　また、「高プロ」制度の対象者について、在社時間等が一定時間を超える場合には、事業主は、その者に必ず医師による面接指導を受けさせなければならない（労働安全衛生法の改正）。

エ　制度導入手続

「高プロ」を導入するにあたっては、以下の手続を行うことが求められる。

① 職務記述書等に署名等する形で職務の内容及び制度適用についての本人の同意を得ること。

② 「高プロ」を導入する事業場の委員会で、対象業務・対象労働者をはじめとした事項について決議すること。

オ　法的効果

上記の各要件を満たした場合に、時間外・休日労働協定（＝36協定）や時間外・深夜の割増賃金[7]の支払義務等の規定を適用除外とする。

上記の通り、「高プロ」の対象者は、労働時間の一般原則である労働時間管理から外れることから、「過労死[8]を助長する」[9]との反対の声が多数あがっていた。

こうしたことから、法案では、年間104日の休日を確保することが盛り込まれているものの、1日の労働時間については、労働時間のほか、休憩時間[10]についても適用除外となる。

カ　高プロ制度のメリットとデメリット

現時点で明確に決まっていないこともあるが、高プロ制度のメリット・デメリットを考えてみたい。

① メリット

・労働生産性の向上

法改正前は、業務量（賃金）を時間で測っているため、ダラダラと職場にいる人も見受けられた。これに対して、企業は時間外手当を支給するなど非効率的なコストもかかっていた。

法改正に伴い、時間管理の対象外となることによって、労働者の時間浪費は減少することが見込まれる。ひいては、これにより、時間当たりの労働生産性の向上に寄与する。このようなプロセスを経ることにより、総労働時間の短縮にもつながり、ワーク・ライフ・バランスにも良い影響を与えることも期待できる。

自律的な働き方ができる労働者にとっては、高プロ制度の利用にメリットがあると思われる。

- ワーク・ライフ・バランスなど、個人の生活改善

労働時間管理から除外されることにより、出勤時刻や退勤時刻を自分で調整することが可能となる。こうしたことから、ワーク・ライフ・バランスなど、個人の生活も自由度が増し、充実した暮らしが可能となる。

- 高プロ対象者への評価

従来は、労働時間管理や企業内の組織での人事体制であったものが、高度プロフェッショナル制度の対象者の体制の見直しのきっかけとなる可能性もある。

- 非効率的な時間外手当の支払不要（企業の負担軽減）

ダラダラと職場に残って、成果に見合わないのに時間外手当を受給していた社員に対して、労働時間管理の対象外となることにより、時間外手当の支給も不要となり、企業の負担は軽減されると見込まれる。

② デメリット
- 長時間労働助長のおそれ

労働時間管理をされない労働者は、主として成果で測ることになる。成果のあがらない者については、法改正の趣旨とは裏腹に、長時間労働によって成果をあげようとする可能性や、自己評価を高めるためのロイヤリティ誇示として、かえって労働時間が長時間となるおそれがある。

深夜労働や休日労働に対して、改正前は割増手当が支払われていたが、今後は支払われなくなる。また、休息時間も適用外となることから、連続労働時間が長時間化するおそれがある。

改正法は、健康管理や労災予防の観点から、年間104日の休日確保、インターバル規程、健康診断の受診などの規定も盛り込んでいるが、実効性は未知である。

- 報酬評価は困難

外形的な労働時間は、客観性の高い尺度であるが、高度な専門職の評価を報酬に反映させるのは、困難なことが多い。例えば、高度な商品開発の研究

2 多様で柔軟な働き方の実現へ―高度プロフェッショナル制度の創設―

を行なっても、一般担当者の営業努力がなければ売り上げ増には繋がらず、企業も人件費の財源を確保することができない。このように、高度な知識や技術を有する者が行なった業務を、公平に、また正確に評価することは企業にとって困難がともなうものと思われる。

・年収要件の引下げ懸念

　年収1,075万円以上の者が対象となっているが、将来的には基準額が引き下げられ、高プロの対象者が拡大する可能性もある。

　長時間労働や健康侵害は、いわゆるブラック企業化にもつながり、対象者の拡大は慎重な対応が望まれる。かつて、一定以上の年収額のホワイトカラーを労働時間管理の対象から除外しようとした「ホワイトカラー・エグゼンプション」[11]が厚生労働省で検討されていた頃には、様々な年収額の案が取りざたされたことがある。

・同意の拒否や取消しの困難さ

　高プロの対象者は、本人の同意を前提としているが、会社から適用対象の話をもちかけられた際に、どれだけの者が同意の拒否をできるだろうか。

　また、いったん高プロの対象者となった者が、その後、取消可能とすることも法案の審議中に追加されたが、同意取消しを行うことは労働者にとっては大きな負担となり、困難であることは想像に難くないだろう。

キ　「高プロ」制度導入に際しての留意点

　まずは、メリットとデメリットをよく認識する必要があり、制度の悪用があってはならない。そのうえで、労働者が時間を意識しないで働くことがかえって長時間労働を招くことを回避し、健康管理に十分に留意する必要がある。さらには、上司が部下の成果を適正に評価する体制づくりも欠かせない。

(3)　フレックスタイム制の見直し

　労働時間原則の柔軟な対応としては、これまでもフレックスタイム制があったが、今回の法改正では一部見直しが行われた。

第4章　労働時間制 ～高度プロフェッショナル制度・勤務間インターバル制度等～

ア　フレックスタイム制とは

労働者が「各日の始業時刻、終業時刻の両方」と「労働時間数」を個々の労働者の自主的な決定に委ねる制度[12]である。対象労働者や対象業務に関する制限はないが、コアタイム（労働しなければならない時間帯）を設けることはできる制度である。

イ　導入手続

フレックスタイム制を導入するには以下の手続が必要となる。
① 就業規則に、フレックスタイム制を導入する旨を規定する。
② 労使協定により、対象とする労働者の範囲、清算期間、清算期間中の総労働時間を規定する。

ウ　清算期間とは

労働契約上、労働者が労働すべき時間を定める期間のことをいう。

エ　清算期間中の総労働時間とは

労働契約上、労働者が清算期間中に労働すべき時間として定められている時間をいう。

オ　フレックスタイム制における労働時間

1ヶ月以内の一定期間（清算期間）・総労働時間を定め、その枠内で働く（期間終了時に週当たり40時間を超える分は法定時間外労働になる）。

カ　「清算期間」の法改正―清算期間を3ヶ月に延長

従来、最長1ヶ月の清算期間で定められた所定労働時間の枠内で、労働者が始業時刻・終業時刻の両方を自由に選択できているが、結果的に、労働時間が長い日もあれば、短い日もあった。このため、労働者は、「清算期間」における所定労働時間に達するよう、労働時間を調整して働いてきた（法定労働時間の枠を超えれば割増手当が発生する）。こうしたことから、労働者は、1ヶ月の中での自分の生活上のニーズに対応し、始業時刻・終業時刻を調整すること

2 多様で柔軟な働き方の実現へ—高度プロフェッショナル制度の創設—

はできるが、1ヶ月を超えた労働時間の調整はできないという課題があった。

そこで、今回の法改正では、この「清算期間」を最長3ヶ月に延長し、より柔軟な働き方を可能とする法改正がなされた[13]。ただし、各月で週平均50時間（時間外労働が月45時間弱となる時間に相当）を超えた場合は、使用者はその各月で割増手当を支払う必要がある。

(4) 労働時間管理をされない管理監督者

労働基準法では、これまでも第41条で以下の労働者については、労働時間・休憩・休日に関する規定は適用しないとしている。

ア 農水産業従事労働者

イ 管理監督者[14]と機密の事務を取り扱う労働者

ウ 監視・断続的労働者

これまでの裁判において、労働基準法41条2号の管理監督者に該当するか否かが多数争われてきた。ただ、同法の管理監督者に該当する場合でも、深夜労働に対する割増手当は必要である。

ここで、これまで説明してきた裁量労働制対象労働者、高プロ対象者、管理監督者が、労働時間の規制を受けるのか否かをまとめてみると、以下のような表になる（図表20）。なお、表の「時間外手当」「休日手当」「深夜手当」は、割増手当の要否を示している。

73

第4章　労働時間制　～高度プロフェッショナル制度・勤務間インターバル制度等～

図表20　労働時間管理および割増手当の要否

	裁量労働制	高プロ	管理監督者
労働時間管理	（注1）	×	×
休　日	○	（注2）	×
休　憩	○	×	×
時間外手当	（注1）	×	×
休日手当	○	×	×
深夜手当	○	×	○

○は適用対象であり、×は適用除外。

（注1）みなし労働時間が、8時間を超える場合は、36協定の締結、届出、割増賃金の支払い
　　　　が必要。
（注2）年間104日以上かつ4週4日の休日付与が必要

　上記の他、裁量労働制対象者・高プロ対象者については、健康確保措置が求められる。

　なお、上記の表には、一般労働者は示していないが、全ての項目が適用対象となる。また、勤続年数に応じた年次有給休暇は、管理監督者も含め、それぞれ適用対象となる。

3 勤務間インターバル制度の普及促進等（労働時間等設定改善法）

(1)　勤務間インターバル制度の普及促進

ア　「勤務間インターバル」とは

　勤務間インターバルとは、勤務終了後、一定時間以上の「休息時間」を設けることで、労働者の生活時間や睡眠時間を確保するものである。労働者が日々働くにあたり、必ず一定の休息時間を取れるようにするという考え方に関心が高まり、法改正に盛り込まれた。

　すでに幾つかの企業では導入されている制度ではあるが、労働時間等設定改善法において、事業主は、前日の終業時刻と翌日の始業時刻の間に一定の休息

74

3 勤務間インターバル制度の普及促進等（労働時間等設定改善法）

の確保に努めなければならないという努力義務が制定された。

イ　勤務間インターバルの例
　勤務間インターバルを導入した場合として、以下のような例が考えられる。

（通常）所定労働時間の始業時刻　　8：30
　　　　　　　　　　終業時刻　17：30
　　　　残業により、終業時刻が、22：00となった。

　今までは、前日の終業時刻が何時であっても、翌日は、8：30から始業であった。
　勤務間インターバルを11時間と定めて、制度を導入した場合には、上記の場合の翌日の始業時刻は、9：00になる。
　上記の他に、ある時刻以降の残業を禁止、次の始業時刻以前の勤務を認めないこととするなどにより「休息時間」を確保することも考えられる。
　このように、一定の休息時間を確保することで、労働者が十分な生活時間や睡眠時間を確保でき、ワーク・ライフ・バランスを保ちながら働き続けることができるようになると考えられている。
　また、「勤務間インターバル」は、働き方の見直しのための他の取組みとあわせて実施することで一層効果が上がると考えられ、健康管理やワーク・ライフ・バランスの確保策として今後の動向が注目される。

ウ　就業規則の規定例
　厚生労働省では、勤務間インターバル制度を導入するに当り、以下のような就業規則例を参考にあげている。
　①　休息時間と翌所定労働時間が重複する部分を労働とみなす場合
　　　（勤務間インターバル）
　　　第○条　いかなる場合も、労働者ごとに1日の勤務終了後、次の勤務の開始までに少なくとも、○時間の継続した休息時間を与える。
　　　　2　前項の休息時間の満了時刻が、次の勤務の所定始業時刻以降に及ぶ場合、当該始業時刻から満了時刻までの時間は労働したものとみなす。

75

第4章　労働時間制　～高度プロフェッショナル制度・勤務間インターバル制度等～

② 始業時刻を繰り下げる場合[15]

（勤務間インターバル）

第○条　いかなる場合も、労働者ごとに1日の勤務終了後、次の勤務の開始までに少なくとも、○時間の継続した休息時間を与える。

2　前項の休息時間の満了時刻が、次の勤務の所定始業時刻以降に及ぶ場合、翌日の始業時刻は、前項の休息時間の満了時刻まで繰り下げる。

③ 災害その他避けることができない場合に対応するため例外を設ける場合

上記①または②の第1項に次の規定を追加する。

「ただし、災害その他避けることができない場合は、その限りではない。」という規定を追加し、不可避な状況においては、勤務間インターバルを適用しない旨を定めておく。

(2) 企業単位での労働時間等の設定改善に係る労使の取組推進（労働時間等の設定の改善に関する特別措置法の改定）

我が国の年次有給休暇の取得率は、ここ数年、48％程度で推移している。また、1年間で年次有給休暇を1日も取得できていない労働者の割合も、2割弱いることが報告されている。

既述の通り、年次有給休暇を確実に取得するための施策として、企業単位での労働時間等の設定改善に係る労使の取組を促進するため、企業全体を通じて一の労働時間等設定改善企業委員会の決議をもって、年次有給休暇の計画的付与等に係る労使協定に代えることができるという法改正が行われた。

ア　年次有給休暇制度の概要

① 趣旨

年次有給休暇は、労働者の心身の疲労を回復させ、労働力の維持培養を図るため、また、ゆとりある生活の実現にも資するという位置づけから、法定休日のほかに毎年一定日数の有給休暇を与える制度である。

3 勤務間インターバル制度の普及促進等（労働時間等設定改善法）

② 法的性格

年次有給休暇の権利は、労働者が客観的要件（以下の③参照）を充足することによって「法律上当然に」発生する権利であり、労働者が年次有給休暇の「請求」をしてはじめて生じるものではない（林野庁白石営林署事件・最二小判昭和48年3月2日判タ292号224頁）。

③ 要件・効果

雇い入れの日から起算して6ヶ月継続勤務し、全所定労働日の8割以上を出勤した労働者に対して、10労働日の年次有給休暇が与えられる。

その後、継続勤務年数1年ごとに以下の表の通り、日数の年次有給休暇が与えられる（**図表21**）。

図表21　年次有給休暇の付与日数

継続勤務年数	0.5年	1.5年	2.5年	3.5年	4.5年	5.5年	6.5年以上
付与日数	10日	11日	12日	14日	16日	18日	20日

1週間の所定労働時間が通常の労働者より少ない労働者については、その日数や継続勤務年数に応じて、1～15日の年休が付与される[16]。

なお、年次有給休暇は、発生日から起算して2年間の消滅時効に服する。

④ これまでの年次有給休暇の取得時季の原則

労働者がその有する休暇日数の範囲内で、その具体的な休暇の時季を特定する「時季指定」を行うことにより、年次有給休暇が成立し、当該労働日における就労義務が消滅する。

つまり、労働者の具体的な「時季指定」がない限りは、使用者は年次有給休暇を与えなくても法違反とならない。

⑤ 取得時季指定の例外

・労働者の指定する時季に休暇を与えることが事業の正常な運営を妨げる場合、使用者に「時季変更権」が認められる。

・労使協定で定めをした場合、年次有給休暇のうち、5日を超える部分につ

第4章　労働時間制　～高度プロフェッショナル制度・勤務間インターバル制度等～

いて「計画的付与」が認められる。

イ　現行の年次有給休暇に関する状況（原則）

年次有給休暇を付与された労働者は、「○月×日に休みます」というような時季指定[17]をすることによって、年次有給休暇が成立する。しかし、周囲に迷惑がかかる等の理由により、年休の申し出をためらうことから、時季指定を行いにくい状況にあったと言われている。その結果として、年次有給休暇の取得率は、50％にも満たない結果となっている。政府は、これを、2020年までに70％にまで引き上げようとの目標を掲げている。

ウ　法改正後

年次有給休暇が、10日以上付与されている労働者については、年5日の年休については、以下の仕組みを導入する。

①　先ずは、事業主が、労働者に時季の希望を聴取する。

②　上記①の希望を踏まえ、「○月×日に休んで下さい」というように時季を指定する。

③　上記①②により、○月×日に年休が成立する。

ただし、以下のケースについては、使用者は希望時季の聴取および時季指定の義務から解放される。

- 労働者が自ら5日以上の年休を取得した
- 労働者自ら取得3日＋計画付与2日

また、以下のケースについては、使用者は、5日に足りない日数のみ指定する義務がある。

- 労働者が自ら2日の年休を取得した
- 3日の年休の計画的付与が行われた

すなわち、労働者に年間最低5日は年休を取得させ[18]、心身のリフレッシュを図るという趣旨である。

4 産業医・産業保健機能の強化（労働安全衛生法等）

　今回の法改正では、事業者から、産業医に対しその業務を適切に行うために必要な情報を提供することとするなど、産業医[19]・産業保健機能の強化を図る法改正がなされた。

⑴ 健康管理等に関する勧告内容等の報告（産業医の選任義務のある労働者数50人以上の事業場）

　事業者は、衛生委員会[20]に対し、産業医が行った労働者の健康管理等に関する勧告の内容等を報告しなければならない。

⑵ 産業保健業務を適切に行うための必要な情報提供（産業医の選任義務のある労働者数50人以上の事業場）

　事業者は、産業医に対し産業保健業務を適切に行うために必要な情報を提供しなければならない。

5 まとめ

　企業において、「高プロ」制度を導入するか否かについては、労使で十分に協議・決議する必要がある。

　また、省令で定めるとされている対象業務や年収要件については、今後もその動向を注視する必要がある。

　なお、法案成立とともに「高プロ」については、以下の附帯決議も決まった。

　高度プロフェッショナル制度の対象となる労働者の健康確保を図るため、労働基準監督署は、使用者に対して、働く時間帯の選択や時間配分に関する対象労働者の裁量を失わせるような過大な業務を課した場合や、新設される規定に基づき対象労働者が同意を撤回した場合には制度が適用されないことを徹底するとともに、法定の健康確保措置の確実な実施に向けた指導監督を適切に行うこと。また、改正法施行後、速やかに制度運用の実態把握を行い、その結果に基づき、必要な措置を講ずること。

第4章　労働時間制　～高度プロフェッショナル制度・勤務間インターバル制度等～

【注】

1　三六協定で定める延長時間は最も長い場合でも以下の表の限度時間を超えないものとしなければならない。

①　一般の労働者の場合

期　　　間	限度時間
1週間	15時間
2週間	27時間
4週間	43時間
1か月	45時間
2か月	81時間
3か月	120時間
1年間	360時間

②　対象期間が3か月を超える1年単位の変形労働時間制の対象者の場合

期　　　間	限度時間
1週間	14時間
2週間	25時間
4週間	40時間
1か月	42時間
2か月	75時間
3か月	110時間
1年間	320時間

2　現在の対象業務は以下の19業種である。

①　新商品若しくは新技術の研究開発又は人文科学若しくは自然科学に関する研究の業務

②　情報処理システム（電子計算機を使用して行う情報処理を目的として複数の要素が組み合わされた体系であってプログラムの設計の基本となるものをいう、⑦において同じ。）の分析又は設計の業務

③　新聞若しくは出版の事業における記事の取材若しくは編集の業務又は放送法（昭和25年法律第132号）第2条第4号に規定する放送番組若しくは有線ラジオ放送若しくは有線テレビジョン放送法（昭和47年法律第114号）第2条第1項に規定する有線テレビジョン放送の放送番組（以下「放送番組」と総称する。）の制作のための取材若しくは編集の業務

④　衣服、室内装飾、工業製品、広告等の新たなデザインの考案の業務

⑤　放送番組、映画等の制作の事業におけるプロデューサー又はディレクターの業務

⑥　広告、宣伝等における商品等の内容、特長等に係る文章の案の考案の業務（いわゆるコピーライターの業務）

⑦　事業運営において情報処理システムを活用するための問題点の把握又はそれを活用するための方法に関する考案若しくは助言の業務（いわゆるシステムコンサルタントの業務）

⑧　建築物内における照明器具、家具等の配置に関する考案、表現又は助言の業務（いわゆるインテリアコーディネーターの業務）

5　まとめ

⑨　ゲーム用ソフトウェアの創作の業務

⑩　有価証券市場における相場等の動向又は有価証券の価値等の分析、評価又はこれに基づく投資に関する助言の業務（いわゆる証券アナリストの業務）

⑪　金融工学等の知識を用いて行なう金融商品の開発の業務

⑫　学校教育法（昭和22年法律第26号）に規定する大学における教授研究の業務（主として研究に従事するものに限る）

⑬　公認会計士の業務

⑭　弁護士の業務

⑮　建築士（一級建築士、二級建築士及び木造建築士）

⑯　不動産鑑定士の業務

⑰　弁理士の業務

⑱　税理士の業務

⑲　中小企業診断士の業務

3　労使委員会とは、「賃金、労働時間その他の当該事業場における労働条件に関する事項を調査審議し、事業主に対し当該事項について意見を述べることを目的とする委員会」であり、「使用者及び当該事業者の労働者を代表する者を構成員とするものに限る」とされている。（労働基準法第38条の4第1項本文）。

　　また、「当該委員会の委員の半数については、当該事業場に、労働者の過半数で組織する労働組合がある場合においてはその労働組合、労働者の過半数で組織する労働組合がない場合においては労働者の過半数を代表する者に……任期を定めて指名され」なければならない（労働基準法38条の4第2項1号）。

4　労使委員会は、事業場毎に設置し、以下の事項を決議（4／5以上の多数決）し、労働基準監督署に届け出る必要がある。

①　その事業場で対象とする業務

②　対象労働者の範囲

③　みなし労働時間

④　対象労働者の健康・福祉確保措置（6か月に1回、労働基準監督署に定期報告）

⑤　対象労働者の苦情処理措置

⑥　本人同意を得ること及び不同意の労働者に対する不利益取り扱いの禁止　等

5　法律的に「みなす」とは、性質の異なるものを一定の法律関係において同視して、同一の法律効果を生じさせることである。裁量労働制度による所定労働時間みなしのほかに、「事業場外労働のみなし制度」もある。「事業場外労働のみなし制度」は、労働者が労働時間の全部または一部について事業場施設の外で業務に従事した場合において、「労働時間を算定しがたいとき」は、労使協定によって定めた当該業務の遂行に通常必要とされる時間労働したものとみなす制度である（労働基準法第38条の2第1項）。

6　厚生労働省において作成する毎月勤労統計における毎月きまって支給する給与の額を基準として、厚生労働省で定めるところにより算定した労働者1人当たりの給与の平均額のことをいう。

7　法定労働時間（週40時間、1日8時間）を超えて働かせた場合、使用者は労働者に対して、少なくとも以下の割増率以上で割増賃金を支払わなければならない（労働基準法第37条）。

第4章　労働時間制　～高度プロフェッショナル制度・勤務間インターバル制度等～

　　① 法定時間外労働：25％以上
　　② 深夜労働　　　：25％以上
　　③ 休日労働　　　：35％以上

8　「過労死等」とは、過労死等防止対策推進法第2条に以下のとおり定義づけされている。
　　① 業務における過重な負荷による脳血管疾患・心臓疾患を原因とする死亡
　　② 業務における強い心理的負荷による精神障害を原因とする自殺による死亡
　　③ 死亡には至らないが、これらの脳血管疾患・心臓疾患、精神障害

9　「過労死等防止対策白書」(平成29年版)によると、脳・心臓疾患にかかる労災請求件数は、過去10年余りの間、700件台後半から900件台前半の間で推移している。また、支給決定(認定)件数は、平成14年度以降、200件台後半～300件台で推移している。

10　労働基準法第34条第1項は、「使用者は、労働時間が6時間を超える場合においては少なくとも45分、8時間を超える場合においては少なくとも1時間の休憩時間を労働時間の途中に与えなければならない。」と規定している。

11　「ホワイトカラー・エグゼンプション」は、野党を中心に「残業代なし法案」等と批判されている。

12　労働時間数が定められている場合、始業時刻をずらしても、休憩時間を除くと自動的に終業時刻も定められてしまう。これは、「時差出勤」という。フレックスタイム制度は、労働時間数も労働者に委ねられている制度である。

13　厚生労働省の例示では、「例えば、6月・7月・8月の3ヶ月間の中で労働時間の調整が可能となるため、子育て中の親が8月の労働時間を短くすることで、夏休み中の子どもと過ごす時間を確保しやすくなる」としている。

14　行政解釈は、「労働条件の決定その他労務管理について経営者と一体的な立場にある者の意であり、名称にとらわれず、実態に即して判断すべきものである」としている(昭和63年3月14日基発150号)。

15　単に翌日の始業時刻を繰り下げるだけで、一日の所定労働時間数は変わらない。

16　1週間の所定労働日数が4日以下の場合、以下の表の有給休暇が付与される。
（1週間の所定労働日数が少ない場合の付与日数）

週所定労働日数	0.5年	1.5年	2.5年	3.5年	4.5年	5.5年	6.5年以上
4日	7日	8日	9日	10日	12日	13日	15日
3日	5日	6日	6日	8日	9日	10日	11日
2日	3日	4日	4日	5日	6日	6日	7日
1日	1日	2日	2日	2日	3日	3日	3日

また、1週間の所定労働日数が固定できないなどの場合で、1年間の所定労働日数が216日以下の場合は、以下の通り付与される。
（1年間の所定労働日数が216日以下の場合の付与日数）

1年間の所定労働日数	0.5年	1.5年	2.5年	3.5年	4.5年	5.5年	6.5年以上
169 ～ 216日	7日	8日	9日	10日	12日	13日	15日
121 ～ 168日	5日	6日	6日	8日	9日	10日	11日
73 ～ 120日	3日	4日	4日	5日	6日	6日	7日
48 ～ 72日	1日	2日	2日	2日	3日	3日	3日

5 まとめ

17 労働者が時季指定することに加えて、「計画的付与」(労働者側の代表と使用者との協定の締結)により時季を決めることも可能である。

18 守らなければ、企業には罰金が科せられる。

19 労働安全衛生法では、常時50人以上の労働者を使用する事業場においては、事業者は、労働者の健康管理その他省令で定める一定の職務を行わせるために、省令の定める要件を備えた医師のなかから産業医を選任しなければならない(同法第13条、労働安全衛生施行令第5条)。

20 業種のいかんを問わず常時50人以上の労働者を使用する事業場においては、事業場の衛生について管理を行っていく衛生委員会の設置を義務付けている(労働安全衛生施行令第9条)。

第5章

均等待遇 〜非正規雇用の処遇改善等〜

1 非正規雇用の処遇改善（同一労働同一賃金）とは何か

　各章で述べている通り、働き方改革実行計画[1]では、「同一労働同一賃金の導入は、仕事ぶりや能力が適正に評価され、意欲をもって働けるよう、同一企業・団体におけるいわゆる正規雇用労働者（無期雇用フルタイム労働者）と非正規雇用労働者（有期雇用労働者、パートタイム労働者、派遣労働者）の間の不合理な待遇差の解消を目指すものである」（4頁）とされている。

　同一労働同一賃金は、一般的に、同一労働に従事する労働者には、同一の賃金を支払わなければならないことを意味する。しかし、今回の法改正は、これだけではなく、労働が同一でない場合にも、不合理な待遇の禁止を含めていることに、留意が必要である。

　この点、厚生労働省「同一労働同一賃金ガイドライン案」（以下、「ガイドライン案」という）は、冒頭で、「本ガイドライン案は、正規か非正規かという雇用形態にかかわらない均等・均衡待遇を確保し、同一労働同一賃金の実現に向けて策定するものである」としている。

　均等待遇と均衡待遇の違いは、「均等待遇」とは、同じものは同じに扱え（イコール）であり、「均衡待遇」とは、違っている場合には、違いに応じて扱え（バランス）ということである。

　改正法の条文では、「均等待遇」は、「差別的取扱いをしてはならない」、「不利なものとしてはならない」と表され、「均衡待遇」は、「不合理と認められる相違を設けてはならない」と表される。

第5章　均等待遇　～非正規雇用の処遇改善等～

2 どのように変わるのか（法改正の内容）

⑴　主な改正点

①　有期雇用労働者についての不合理な労働条件の禁止を規定した現行の労働契約法20条を削除。

②　短時間労働者の雇用管理の改善に関する法律（以下「パートタイム労働法」という）の題名を「短時間労働者及び有期雇用労働者の雇用管理の改善等に関する法律」（以下、「パートタイム・有期雇用労働法」という）に改めて、パートタイム労働者と有期雇用労働者と同じ規制の下に置く。

③　派遣労働者については、労働者派遣事業の適正な運営の確保及び派遣労働者の保護等に関する法律（以下「労働者派遣法」という）を改正して、パートタイム・有期雇用労働者と原則として同じ規制の下に置く。ただし、労使協定方式による例外を設ける。

④　従来パートタイム労働者のみにあった事業主の説明義務を、有期雇用労働者及び派遣労働者に対しても拡大し、説明義務の内容も拡充した。

⑤　行政による履行確保措置及び裁判外紛争解決手続（行政ADR）の整備

今回の法改正の主要な点について以下の通りまとめる（**図表22**）。

図表22　改正前と改正後

[改正前]

	短時間労働者	有期雇用労働者	派遣労働者
不合理な待遇の禁止	パート労働法8条	労働契約法20条	規定なし
差別的取扱いの禁止	パート労働法9条	規定なし	規定なし
内容等の説明（不合理な待遇の禁止については、規定なし）	パート労働法14条	規定なし	労働者派遣法31条の2（不十分）
報告徴収・助言・指導・勧告・公表及び行政ADR	パート労働法18条、23条、24条、25条、26条（ただし、8条（不合理な待遇の禁止規定）は、対象外）	規定なし	行政ADRについては、規定なし。勧告・公表については、労働者派遣法49条の2

86

2　どのように変わるのか（法改正の内容）

[改正後]

	短時間・有期雇用労働者	派遣労働者	
不合理な待遇の禁止	パートタイム・有期雇用労働法8条	労働者派遣法30条の3（1項）	労使協定方式労働者派遣法30条の4
差別的取扱いの禁止	パートタイム・有期雇用労働法9条	労働者派遣法30条の3（2項）	
内容等の説明（不合理な待遇の禁止も含む）	パートタイム・有期雇用労働法14条	労働者派遣法31条の2	
報告徴収・助言・指導・勧告・公表及び行政ADR	パートタイム・有期雇用労働法18条、23条、24条、25条、26条（ただし、8条（不合理な待遇の禁止規定）は、公表の対象外）	労働者派遣法49条の2を改正労働者派遣法47条の4、47条の5、47条の6、47条の7、47条の8、47条の9を新設	

※　行政による履行確保（報告徴収・助言・指導・勧告・公表）及び行政ADRについて
①　パートタイム・有期雇用労働法では、有期雇用労働者を含めることとしたこと、不合理な待遇の禁止規定（8条）を対象としたことが大きな改正である。ただし、不合理な待遇の禁止規定（8条）は、企業名公表の対象とされてない。（18条2項）
②　労働者派遣法は、従来行政ADRの制度が設けられていなかったが、今回の改正で新設された。また、企業名公表の対象として、情報提供義務違反（26条7項、10項）教育訓練実施義務違反（40条2項）、福利厚生施設（給食施設、休憩室、更衣室）の利用機会付与義務違反（40条3項）に対して、厚生労働大臣の指導・助言を受けたにもかかわらず、なおこれに違反するおそれがあると認める場合を追加した。

(2)　主な改正条文と解説

①　パートタイム・有期雇用労働法2条

1　この法律において「短時間労働者」とは、1週間の所定労働時間が同一の事業主に雇用される通常の労働者（当該事業主に雇用される通常の労働者と同種の業務に従事する当該事業主に雇用される労働者にあっては、厚生労働省令で定める場合を除き、当該労働者と同種の業務に従事する当該通常の労働者）の1週間の所定労働時間に比し短い労働者をいう。

2　この法律において「有期雇用労働者」とは、事業主と期間の定めのある労働契約を締結している労働者をいう。

3　この法律において「短時間・有期雇用労働者」とは、短時間労働者及び

87

第5章　均等待遇　～非正規雇用の処遇改善等～

有期雇用労働者をいう。

［解説］

❶　旧法では、「同一の事業所に雇用される通常の労働者」と規定されていたが、改正後は、「事業主に雇用される」と改正された。したがって、事業所に通常の労働者（正社員）がいない場合でも、同一事業主の他の事業所の通常の労働者と比較することも可能となる。

　　例えば、「非正規労働者自身が店長などの事業所の長であり、同一事業所内に正規雇用労働者がいないケースも見られる。このため、同一の使用者に雇用される正規雇用労働者を比較対象とすることが適当である」と解される[2]。

❷　「短時間・有期雇用労働者」とは、通常の労働者と比較して短時間または有期雇用の労働者のいずれかまたは双方に該当する労働者であることが明記された。また、他の条文についても、旧法で「短時間労働者」と記載されていた部分は、「短時間・有期雇用労働者」に書き換えられた。

②　パートタイム・有期雇用労働法8条

　　事業主は、その雇用する短時間・有期雇用労働者の基本給、賞与その他の待遇のそれぞれについて、当該待遇に対応する通常の労働者の待遇との間において、当該短時間・有期雇用労働者及び通常の労働者の業務の内容及び当該業務に伴う責任の程度（以下「職務の内容」という。）、当該職務の内容及び配置の変更の範囲その他の事情のうち、当該待遇の性質及び当該待遇を行う目的に照らして適切と認められるものを考慮して、不合理と認められる相違を設けてはならない。

［解説］

❶　改正法は、「待遇のそれぞれについて、」と規定した。この文言は、問題となる待遇ごとにそれに対応する通常の労働者の「待遇」と比較することを想定している。したがって、待遇ごとに比較される「通常の労働者」は変わり得る。つまり、通常の労働者（正社員）の中に、賞与が支給される者と支給されない者がいた場合に、支給されている通常の労働者（正社員）を対象と

して、比較することを可能としている。このように設定することで、「例え
ば、賞与を支給しない正社員類型を一部に置いてパートタイム労働者への賞
与支給を免れようとするような事業主の脱法行為を回避することができ
る」[3]とされている。

　なお、比較対象とするのは、賃金額の総額か、各賃金項目かという論点も
あるが、改正法の条文から、それぞれの賃金項目ごとに比較することにな
る[4]。また、旧労働契約法20条に関する最高裁判決[5]は、以下のように判示
する。

　「有期契約労働者と無期契約労働者との個々の賃金項目に係る労働条件の
相違が不合理と認められるものであるか否かを判断するに当たっては、両者
の賃金の総額を比較することのみによるのではなく、当該賃金項目の趣旨を
個別に考慮すべきものと解するのが相当である。

　なお、ある賃金項目の有無及び内容が、他の賃金項目の有無及び内容を踏
まえて決定される場合もあり得るところ、そのような事情も、有期契約労働
者と無期契約労働者との個々の賃金項目に係る労働条件の相違が不合理と認
められるものであるか否かを判断するに当たり考慮されることになるものと
解される。」

　このように最高裁判決でも、総額で比較するのみではなく、各賃金項目の
趣旨を個別に考慮することを原則としている。

❷　不合理性の考慮要素の判断は、従来通り1、職務の内容[6]、2、職務の内容・
配置の変更の範囲[7]、3、その他の事情[8]とされている。

　なお、ガイドライン案[9]の以下の記載に留意すべきである。

　「違いがあるときは、「無期雇用フルタイム労働者と有期雇用労働者又は
パートタイム労働者は将来の役割期待が異なるため、賃金の決定基準・ルー
ルが異なる」といった主観的・抽象的説明では足りず、賃金の決定基準・ルー
ルの違いについて、職務内容、職務内容・配置の変更範囲、その他の事情の
客観的・具体的な実態に照らして不合理なものであってはならない。」

　この点、差別的取扱いを禁止した旧パートタイム労働法8条に関する裁判
例[10]で、人事異動等の有無・範囲の同一性について、「全体としてみると、
転勤・出向、チーフ・運行管理者等への任命、事務職への転換・昇進等の点

第5章　均等待遇　～非正規雇用の処遇改善等～

でもそれぞれ違いがなくはないが、正社員の中でもそれらの数は、非常に少ないこと、近年は正社員でも九州管内での転勤・出向はないこと、数年前まではチーフ・運行管理者等への任命の点で差はなかったことなどの実状を勘案して、人事異動等の有無・範囲についても同一のものと見込まれると判断」[11]したことが参考になる。

❸　定年後の継続雇用の有期雇用労働者の取り扱いについては、旧労働契約法20条について判断した最高裁判決[12]が、参考になる。同判決は、定年後の継続雇用の有期雇用労働者についても労働契約法20条の対象であることを肯定したうえで、

　「有期契約労働者が定年退職後に再雇用された者であることは、当該有期契約労働者と無期契約労働者との労働条件の相違が不合理と認められるものであるか否かの判断において、労働契約法20条にいう「その他の事情」として考慮されることとなる事情に当たると解するのが相当である。」と述べた。

　ただし、この判決は、旧労働契約法20条つまり、現行法のパートタイム・有期雇用労働法8条についての判断ということができ、「その他の事情」を考慮要素に含めていない次条のパートタイム・有期雇用労働法9条（差別的取扱いの禁止）（イコール）についての判断ではないことには留意が必要である。

❹　具体的な基本給、諸手当ごとの判断については、ガイドライン案を参照して欲しいが、働き方改革事項計画[13]から、ポイントを記載する。

ア　基本給は、それぞれの趣旨・性格に照らして、実態に違いが無ければ同一の、違いがあれば違いに応じた支給を求める。すなわち、均衡だけでなく、均等にも踏み込んだものとしている。

イ　ボーナスについて、会社の業績等への貢献に応じて支給しようとする場合、同一の貢献には、同一の、違いがあれば違いに応じた支給を求める。

ウ　業務の危険度等に応じて支給される特殊勤務手当、交代制勤務などに応じて支給される特殊勤務手当、時間外労働・深夜労働・休日労働を行った場合に支給される手当の割増率、通勤手当・出張手当、勤務時間内に食事時間が挟まれている際の食事手当、同一の支給要件を満たす場合の単身赴

2 どのように変わるのか（法改正の内容）

任手当、特定の地域で働くことに対する補償として支給する地域手当等については、同一の支給を求める。

エ　食堂、休憩室、更衣室といった福利厚生施設の利用、転勤の有無等の要件が同一の場合の転勤者用社宅、慶弔休暇、健康診断に伴う勤務免除・有給保障については、同一の利用・付与を求める。

オ　病気休職については、無期雇用パートタイム労働者には、無期雇用フルタイム労働者と同一の、有期雇用労働者にも労働契約の残存期間については同一の付与を求める。

カ　法定外年休・休暇については、勤続期間に応じて認めている場合には、同一の勤続期間であれば同一の付与を求め、特に有期労働契約を更新している場合には、当初の契約期間から通算した期間を勤続期間として算定することを要する。

キ　教育訓練については、現在の職務に必要な技能・知識を習得するために実施しようとする場合、同一の職務内容であれば、同一の、違いがあれば違いに応じた実施を行わなければならない。

❺　立証責任と効果について

・パート・有期雇用労働者は、通常の労働者の待遇と自らの待遇との相違があることを主張・立証する責任を負う。

・待遇の相違の「不合理性」については、パート・有期雇用労働者が不合理であることを基礎づける事実を主張・立証し、事業主側が不合理でないことを基礎づける事実を主張・立証するという形で、双方が主張・立証を尽くすべきものと考えられる。

・本条に違反する不合理な待遇の相違にあたると判断された場合、本条は強行法規と解されるため不法行為として損害賠償請求の対象となる。また、事案によっては、通常の労働者に適用されている就業規則の規定がパート・有期雇用労働者にも適用される等の補充的解釈を行うことにより、差額賃金請求を行うことも考えられる[14]。

❻　紛争の解決

・旧法では、不合理な待遇の禁止（8条）は、行政による報告徴収・助言・指導・勧告の対象となっていなかったが、本改正で対象とすることになっ

第5章　均等待遇　～非正規雇用の処遇改善等～

た。（18条）ただし、解釈が明確でないグレーゾーンの場合は、報告徴収・助言・指導・勧告の対象としないことが適当とされている[15]。また、企業名公表の対象とはなっていない。（18条2項）

③　パートタイム・有期雇用労働法9条

　　事業主は、職務の内容が通常の労働者と同一の短時間・有期雇用労働者（第11条第1項において「職務内容同一短時間・有期雇用労働者」という。）であって、当該事業所における慣行その他の事情からみて、当該事業主との雇用関係が終了するまでの全期間において、その職務の内容及び配置が当該通常の労働者の職務の内容及び配置の変更の範囲と同一の範囲で変更されることが見込まれるもの（次条及び同項において「通常の労働者と同視すべき短時間・有期雇用労働者」という。）については、短時間・有期雇用労働者であることを理由として、基本給、賞与その他の待遇のそれぞれについて、差別的取扱いをしてはならない。

［解説］
❶　本条の対象となるパート・有期雇用労働者とは、次の2要件を満たすものとなる。
・通常の労働者と職務の内容（業務の内容とそれに伴う責任の程度）が同一。
・当該事業所における慣行その他の事情からみて、当該事業主との雇用関係が終了するまでの全期間において、職務内容・配置の変更の範囲が通常の労働者と同一と見込まれる。
❷　本条の効果は、前条同様、強行法規性により違反する労働契約が無効となり、不法行為として損害賠償請求の対象となる。また、無効となった契約部分が補充されるか否かは、前条の解説と同様である[16]。
❸　本条の参考となる判決としては、前条の解説❷で取り上げた、賞与と休日割増賃金の差額の損害賠償請求を認めた「ニヤクコーポレーション事件[17]」と、退職金相当額の損害賠償請求を認めた、「京都市立浴場運営財団事件」[18]がある。

2 どのように変わるのか（法改正の内容）

④ パートタイム・有期雇用労働法14条

1 事業主は、短時間・有期雇用労働者を雇い入れたときは、速やかに第8
条から前条までの規定により措置を講ずべきこととされている事項（労働
基準法第15条第1項に規定する厚生労働省令で定める事項及び特定事項
を除く。）に関し講ずることとしている措置の内容について、当該短時間・
有期雇用労働者に説明しなければならない。

2 事業主は、その雇用する短時間・有期雇用労働者から求めがあったとき
は、当該短時間・有期雇用労働者と通常の労働者との間の待遇の相違の内
容及び理由並びに第6条から前条までの規定により措置を講ずべきことと
されている事項に関する決定をするに当たって考慮した事項について、当
該短時間・有期雇用労働者に説明しなければならない。

3 事業主は、短時間・有期雇用労働者が前項の求めをしたことを理由とし
て、当該短時間・有期雇用労働者に対して解雇その他不利益な取扱いをし
てはならない。

［解説］

❶ 本条の改正は、有期雇用労働者を説明義務の対象者に含めるとともに、不
合理な待遇の禁止（8条）に関する措置や考慮事項も説明義務の対象とし
た。

また、事業主に対して説明を求めたことを理由に解雇その他不利益な取り
扱いをすることを禁止している。

なお、労働者からの説明の求めに対して、待遇の内容と理由について事業
主が十分な説明をしなかった場合には、そのこと自体が待遇の不合理性を基
礎づける事情のひとつと解される[19]。

⑤ 労働者派遣法26条

1～6略

7 労働者派遣の役務の提供を受けようとする者は、第1項の規定により労
働者派遣契約を締結するに当たっては、あらかじめ、派遣元事業主に対し、
厚生労働省令で定めるところにより、当該労働者派遣に係る派遣労働者が

第5章　均等待遇　～非正規雇用の処遇改善等～

従事する業務ごとに、比較対象労働者の賃金その他の待遇に関する情報その他の厚生労働省令で定める情報を提供しなければならない。

8　前項の「比較対象労働者」とは、当該労働者派遣の役務の提供を受けようとする者に雇用される通常の労働者であって、その業務の内容及び当該業務に伴う責任の程度（以下「職務の内容」という。）並びに当該職務の内容及び配置の変更の範囲が、当該労働者派遣に係る派遣労働者と同一であると見込まれるものその他の当該派遣労働者と待遇を比較すべき労働者として厚生労働省令で定めるものをいう。

9　派遣元事業主は、労働者派遣の役務の提供を受けようとする者から第7項の規定による情報の提供がないときは、当該者との間で、当該労働者派遣に係る派遣労働者が従事する業務に係る労働者派遣契約を締結してはならない。

10　派遣先は、第7項の情報に変更があったときは、遅滞なく、厚生労働省令で定めるところにより、派遣元事業主に対し、当該変更の内容に関する情報を提供しなければならない。

11　労働者派遣の役務の提供を受けようとする者及び派遣先は、当該労働者派遣に関する料金の額について、派遣元事業主が、第30条の4第1項の協定に係る労働者派遣以外の労働者派遣にあっては第30条の3の規定、同項の協定に係る労働者派遣にあっては同項第2号から第5号までに掲げる事項に関する協定の定めを遵守することができるものとなるように配慮しなければならない。

［解説］

❶　派遣先に対し、労働者派遣契約を締結するにあたり、派遣先労働者の賃金等の待遇に関する情報を派遣元事業主に提供することを義務づけている。（7項）

　また、この情報に変更があった場合にも、派遣先は、遅滞なく変更内容の情報を派遣元事業主に提供する義務を負う。（10項）

　派遣先がこの情報提供義務を履行しないときには、派遣元事業主は、当該派遣先との間で、当該業務について労働者派遣契約を締結してはならない。

（9項）

　また、派遣先の情報提供義務違反は、厚生労働大臣の指導・助言の対象とされ（48条）、それに従わない場合には、勧告、企業名公表の対象となる（49条の2）

⑥　労働者派遣法30条の3

　1　派遣元事業主は、その雇用する派遣労働者の基本給、賞与その他の待遇のそれぞれについて、当該待遇に対応する派遣先に雇用される通常の労働者の待遇との間において、当該派遣労働者及び通常の労働者の職務の内容、当該職務の内容及び配置の変更の範囲その他の事情のうち、当該待遇の性質及び当該待遇を行う目的に照らして適切と認められるものを考慮して、不合理と認められる相違を設けてはならない。

　2　派遣元事業主は、職務の内容が派遣先に雇用される通常の労働者と同一の派遣労働者であって、当該労働者派遣契約及び当該派遣先における慣行その他の事情からみて、当該派遣先における派遣就業が終了するまでの全期間において、その職務の内容及び配置が当該派遣先との雇用関係が終了するまでの全期間における当該通常の労働者の職務の内容及び配置の変更の範囲と同一の範囲で変更されることが見込まれるものについては、正当な理由がなく、基本給、賞与その他の待遇のそれぞれについて、当該待遇に対応する通常の労働者の待遇に比して不利なものとしてはならない。

⑦　労働者派遣法30条の4

　1　派遣元事業主は、厚生労働省令で定めるところにより、労働者の過半数で組織する労働組合がある場合においてはその労働組合、労働者の過半数で組織する労働組合がない場合においては労働者の過半数を代表する者との書面による協定により、その雇用する派遣労働者の待遇（第40条第2項の教育訓練、同条第3項の福利厚生施設その他の厚生労働省令で定めるものに係るものを除く。以下この項において同じ。）について、次に掲げる事項を定めたときは、前条の規定は、第1号に掲げる範囲に属する派遣労働者の待遇については適用しない。ただし、第2号、第4号若しくは第

第5章　均等待遇 ～非正規雇用の処遇改善等～

　５号に掲げる事項であって当該協定で定めたものを遵守していない場合又
は第３号に関する当該協定の定めによる公正な評価に取り組んでいない場
合は、この限りでない。
一　その待遇が当該協定で定めるところによることとされる派遣労働者の
　範囲
二　前号に掲げる範囲に属する派遣労働者の賃金の決定の方法（次のイ及
　びロ（通勤手当その他の厚生労働省令で定めるものにあっては、イ）に
　該当するものに限る。）
　イ　派遣労働者が従事する業務と同種の業務に従事する一般の労働者の
　　平均的な賃金の額として厚生労働省令で定めるものと同等以上の賃金
　　の額となるものであること。
　ロ　派遣労働者の職務の内容、職務の成果、意欲、能力又は経験その他
　　の就業の実態に関する事項の向上があった場合に賃金が改善されるも
　　のであること。
三　派遣元事業主は、前号に掲げる賃金の決定の方法により賃金を決定す
　るに当たっては、派遣労働者の職務の内容、職務の成果、意欲、能力又
　は経験その他の就業の実態に関する事項を公正に評価し、その賃金を決
　定すること。
四　第１号に掲げる範囲に属する派遣労働者の待遇（賃金を除く。以下こ
　の号において同じ。）の決定の方法（派遣労働者の待遇のそれぞれにつ
　いて、当該待遇に対応する派遣元事業主に雇用される通常の労働者（派
　遣労働者を除く。）の待遇との間において、当該派遣労働者及び通常の
　労働者の職務の内容、当該職務の内容及び配置の変更の範囲その他の事
　情のうち、当該待遇の性質及び当該待遇を行う目的に照らして適切と認
　められるものを考慮して、不合理と認められる相違が生じることとなら
　ないものに限る。）
五　派遣元事業主は、第１号に掲げる範囲に属する派遣労働者に対して第
　30条の２第１項の規定による教育訓練を実施すること。
六　前各号に掲げるもののほか、厚生労働省令で定める事項
２　前項の協定を締結した派遣元事業主は、厚生労働省令で定めるところに

2　どのように変わるのか（法改正の内容）

より、当該協定をその雇用する労働者に周知しなければならない。

[解説]

❶　派遣労働者の不合理な待遇の禁止（30条の３第１項）は、パートタイム・有期雇用労働法８条と基本的に同じものである。

❷　派遣労働者の不利益取扱いの禁止（30条の３第２項）は、パートタイム・有期雇用労働法９条と基本的に同じものである。ただし、「不利なものとしてはならない」としている点は、派遣労働者に対して有利な待遇を定めることを禁止するものではないことを明確にする趣旨。

❸　法30条の３を原則としつつ、労使協定で一定水準を満たす待遇を決定し、遵守すること（労使協定方式）を例外として認める。（30条の４）このうち、賃金額の最低基準となる一般に労働者の平均的な賃金額については、厚生労働省令で定められることになっている。

　また、労使協定方式をとる場合には、派遣元事業主は、当該協定をその雇用する労働者に周知しなければならない。（30条の４第２項）

⑧　労働者派遣法31条の２

１　〔略〕

２　派遣元事業主は、労働者を派遣労働者として雇い入れようとするときは、あらかじめ、当該労働者に対し、文書の交付その他厚生労働省令で定める方法（次項において「文書の交付等」という。）により、第１号に掲げる事項を明示するとともに厚生労働省令で定めるところにより、第２号に掲げる措置の内容を説明しなければならない。

　　一　労働条件に関する事項のうち、労働基準法第15条第１項に規定する厚生労働省令で定める事項以外のものであって厚生労働省令で定めるもの

　　二　第30条の３、第30条の４第１項及び第30条の５の規定により措置を講ずべきこととされている事項（労働基準法第15条第１項に規定する厚生労働省令で定める事項及び前号に掲げる事項を除く。）に関し講ずることとしている措置の内容

97

第5章　均等待遇　～非正規雇用の処遇改善等～

3　派遣元事業主は、労働者派遣（第30条の4第1項の協定に係るものを除く。）をしようとするときは、あらかじめ、当該労働者派遣に係る派遣労働者に対し、文書の交付等により、第1号に掲げる事項を明示するとともに厚生労働省令で定めるところにより、第2号に掲げる措置の内容を説明しなければならない。

一　労働基準法第15条第1項に規定する厚生労働省令で定める事項及び前項第1号に掲げる事項（厚生労働省令で定めるものを除く。）

二　前項第2号に掲げる措置の内容

4　派遣元事業主は、その雇用する派遣労働者から求めがあったときは、当該派遣労働者に対し、当該派遣労働者と第26条第8項に規定する比較対象労働者との間の待遇の相違の内容及び理由並びに第30条の3から第30条の6までの規定により措置を講ずべきこととされている事項に関する決定をするに当たって考慮した事項を説明しなければならない。

5　派遣元事業主は、派遣労働者が前項の求めをしたことを理由として、当該派遣労働者に対して解雇その他不利益な取扱いをしてはならない。

［解説］

❶　旧法の説明義務（31条の2第1項）に加えて、パートタイム・有期雇用労働法が新たに課す待遇の相違の内容と理由等の説明義務及び説明を求めた労働者への不利益取扱いの禁止を派遣元事業主にも課すことによって、派遣労働者についても、パート・有期雇用労働者と同水準の労働条件明示義務・説明義務を設定するものである。

また、派遣労働者については、雇入れ時（2項）のみならず、労働者派遣をしようとするとき（3項）及び派遣労働者から求めがあったとき（4項）にも説明する義務を課している。

⑨　施行期日

［解説］

❶　パートタイム・有期雇用労働法の施行は、2020年4月1日、中小企業へは、適用が猶予されており、2021年4月1日施行とされる。

一方、労働者派遣法の施行は、2020年4月1日とされ、中小企業への適用猶予は、設けられていない。

❷　公務員への適用については、パートタイム労働法では、従来から29条で、「この法律は、国会公務員及び地方公務員並びに船員職業安定法第6条第1項に規定する船員については、適用しないと」となっている。一方、労働者派遣法には、公務員の適用除外に関する条文はなく、情報提供義務等の派遣先に対する義務については、今後の審議状況を確認する必要がある。

3　就労環境、就業規則はどのように変容するのか

以上のような改正法に対して、どのように対応すべきかを若干検討する。まず、中間報告[20]の基本的ポイントを見る。

(1)　正規社員・非正規社員両方に対し、賃金決定のルールや基準を明確にし、

(2)　職務や能力等と、賃金を含めた待遇水準の関係性が明らかになり、待遇改善が可能になるようにすること。

(3)　そして、教育訓練機会を含めた「能力開発機会」の均等・均衡を促進することで一人ひとりの生産性向上を図ること。

これらのポイントを実現するためには、以下のようなステップが考えられる。

①　現状確認
  • 社員の種類の確認

    各企業にいる、1、通常の社員（正社員）2、パート社員、3、有期契約社員、4、嘱託社員、5、アルバイトなど、社員基準もしくは呼称が違う社員を確認する。

  • 各社員ごとに、基本給、諸手当、退職金、賞与、労働時間・休日の基準、休暇、安全衛生、教育訓練、災害補償、福利厚生、服務規律、懲戒規定、その他の付随義務等が、就業規則等の規定上どのように違うか、また、実際の運用上どのように違うか確認する。

  • 各社員ごとに、下記の相違を確認する。

第5章　均等待遇 ～非正規雇用の処遇改善等～

① 職務の内容：

　　主な業務、取り扱う対象・範囲、必要な知識・技術、権限、部下の有無、役割の範囲、トラブル・クレーム発生や緊急時の対応の必要性等

② 職務の内容・配置の変更の範囲：

　　職種限定、勤務地限定、労働時間限定、役割変更範囲、転勤、昇進、出向等

③ その他の事情：

　　労働組合等との労働条件の交渉の経緯、定年後再雇用等の事情、労使慣行、「職務の成果」「能力」「経験」[21]等

② 待遇差の理由を説明できるかを検討

　パートタイム・有期雇用労働法14条及び労働者派遣法31条の２により、雇い入れたとき、求めがあったとき、さらに、派遣労働者については、派遣しようとするときに、説明する義務が課された。待遇の差を説明することができるように各労働条件ごとに整理して検討することが必要となる。その際には、パートタイム・有期雇用労働法８条の解説❷で触れたガイドライン案の（注）[22]及びニヤクコーポレーション事件判決[23]が指摘する「客観的・具体的な実態」に照らして説明できるかを検討すべきである。

　この点、運転手の皆勤手当について不合理と評価することができるとして、高裁に差し戻した最高裁判決[24]が参考になる。判旨は、それぞれの手当の目的ごとに、職務内容及び職務内容・配置の変更の範囲（人材活用の仕組み）との関連性を検討すべきことを示唆する。

③ 職務内容、職務内容・配置の変更の範囲の見直し

　上記①、②により現状の職務内容及び人材活用のしくみとそれぞれの賃金等の労働条件の待遇差を説明できない場合には、職務内容を見直すか、労働条件・処遇を見直すか、あるいは、その両方を行うことになる。

　職務内容の見直しについては、

- 担当する業務、責任の範囲を明確化する。→　各社員別に相違を設ける
- 担当しない業務についても明確化する。→　クレーム対応、残業、休日出勤はしない等。

3　就労環境、就業規則はどのように変容するのか

人材活用の仕組み等については
- 職種変更の有無及びその範囲
- 勤務地変更の有無及びその範囲
- 役職・資格の変更の有無及びその範囲
- 出向・転籍等の有無及びその範囲

などを整理する。最終的には、規程化し、再度雇用契約書を取り交わす等により労働者に説明し、合意を得る（少なくとも真摯な努力）を行い、さらに、実態もその内容に合わせて運用することが必要になる。

このときに、注意すべき点として、職務分離に関する「中間報告」の一部[25]を引用する。

「非正規社員に対して、形式的に違った職務を割り当てる形でガイドラインを形式的に守ろうとする動き（いわゆる「職務分離」の動き）が広がってしまうおそれがある。そうなると、かえって非正規社員が低い待遇を与えられたり、職を失ったりして、結果として待遇がむしろ悪化してしまうことにもなりかねない。このような職務分離等を起こさないようにするためにも、上で述べたように、民間側での実効性ある体制づくりと併せて、ガイドラインを具体的に定め、適切な時期に発効させていくことが求められる。」

非正規社員の仕事を軽減した結果、正社員の仕事が増えて長時間労働を助長するような対策は、今回の改正法の趣旨に反すると考えられる。

④　労働条件処遇の見直し

職務内容の見直しができない場合や、それだけでは、待遇格差を是正できない場合には、労働条件を見直すことになる。この場合に参考として、中間報告[26]を引用する。

「具体的に取り組むにあたっては、比較的決まり方が明確であり、職務内容や人材活用の仕組みとは直接関連しない手当に関しては、比較的早期の見直しが有効かつ可能と考えられる。」

「それに対して、基本給部分については、多くの企業で、決まり方が複雑で様々な要件が絡んでいる。長期的雇用を前提にしている部分も多く、賃金表の作成等を通じて、決まり方を明確にして、正規・非正規間の比較をできるだけ

101

第5章　均等待遇　～非正規雇用の処遇改善等～

可能にする仕組みを民間側で整えていく等、段階を踏んだ取り組みが求められる。」

　筆者も、手当を優先して取り組む方が、待遇格差是正の実行に着手しやすいと考える。

　基本給については、正社員も非正規社員も同じ基準（例えば、両者とも職能給、あるいは両者とも、職務給のような）にすべきという考え方もあるが、筆者は必ずしもそうしなければならないとは思っていない。仮に、正社員が職能給で、非正規社員が時間単価の職務給であっても、職務内容、職務内容・配置の変更の範囲（人材活用の仕組み）等から、整合性を検討して、その格差が不合理と認められる相違でなければ、職能給と職務給という支給基準の違いのみで、違法と判断されるものではないと考える[27]。

　なお、同じ基準で統一する場合には、等級表は賃金テーブルを分ける方法、非正規社員の等級を付け加える方法等が考えられる。

　なお、非正規労働者の待遇改善を行うにあたって正規労働者の賃金等の労働条件を引き下げることにより対応するという問題もある。この点については、働き方改革実行計画では、「非正規雇用で働く方の待遇を改善し、女性や若者などの多様な働き方の選択を広げていく必要がある」とし、「生産性向上の成果を働く人に分配することで、賃金の上昇、需要の拡大を通じた成長を図る「成長と分配の好循環」が構築」を目的とされているため、法の趣旨に反する対応とする考え方がある[28]。

　一方で、「賃金原資が限られる以上、非正規労働者の待遇改善のために、正規労働者の待遇が低下することも当然想定される。賃金体系全体を見直し、より同一労働同一賃金原則にかなう仕組みに組み替えようとする場合、正規労働者にとってはたとえば就業規則変更の不利益変更（※）となりうるが、ガイドラインが「非正規労働者の待遇改善を主旨としている」との一事をもって、不利益変更の合理性を否定することはできない。むしろ、ガイドラインが実現しようとする同一労働同一賃金原則に沿うものとして、合理性が認められる方向に作用するとも考えられる。」という見方もある[29]。

　前者の考え方は、本改正法の趣旨は、非正規雇用で働く労働者の待遇改善であるから、正規労働者の労働条件の引き下げは、合理性を否定する要素として

102

考慮されるとし、後者の考え方は、同一労働同一賃金の原則は、正規と非正規の待遇格差の是正に主旨があるとして、そのために、少なくとも賃金原資全体額を減らさないで、両者のバランスをとるのであれば、不利益変更の合理性を肯定する要素として考慮されるとする指摘と思われる。

　筆者としては、前者が望ましいのは言うまでもないが、原資がないため、改革が進まないというよりは、後者のような現実的な改革も必要であると考える。もっとも、賃金原資総額を減額する場合には、合理性を否定する要素になると考える。

※就業規則の不利益変更とは

　労働条件の切り下げは、就業規則の不利益変更の問題となることが多い。この点、労働契約法9条と10条についての論点が重要である。

　まず、労働契約法9条は、「使用者は、労働者と合意することなく、就業規則を変更することにより、労働者の不利益に労働契約の内容である労働条件を変更することはできない」と規定している。この規定を反対解釈すれば、就業規則の変更による労働条件の不利益な変更も労働者との合意があれば、可能となる。

　ただし、退職金支給基準の不利益変更に対する労働者の同意について争われた、最高裁判決30では、「労働者の自由な意思に基づいてされたものと認めるに足りる合理的な理由が客観的に存在するか否かという観点からも判断されるべき」として、労働者に対する十分な情報提供・説明の有無を重視する判断をしている。したがって、単に合意があったという事実だけで、就業規則による不利益変更が可能とまでは言えない。

　次に、労働者の合意が得られない場合の就業規則の不利益変更に関する条文が、10条になる。条文は、「使用者が就業規則の変更により労働条件を変更する場合において、変更後の就業規則を労働者に周知させ、かつ、就業規則の変更が、労働者の受ける不利益の程度、労働条件の変更の必要性、変更後の就業規則の内容の相当性、労働組合等との交渉の状況その他の就業規則の変更に係る事情に照らして合理的なものであるときは、労働契約の内容である労働条件は、当該変更後の就業規則に定めるところによるものとする」である。

第5章　均等待遇　～非正規雇用の処遇改善等～

　つまり、労働者の同意が得られなかったとしても、就業規則に合理性があれば、就業規則の不利益変更は可能である。ただし、合理性の判断は、慎重になされる。

⑤　就業規則の整備

　職務内容、職務内容・配置の変更の範囲の見直し及び労働条件処遇の見直しが完了した段階で、就業規則等を改定することになる。

　なお、この注意点として、正社員、パート社員、有期契約社員、嘱託社員、アルバイトなど、社員区分を残す必要性があると判断した場合には、各社員ごとの規程・規則は、分けて作成した方が良いと思う。なぜならば、仮に、パート社員のある手当の不支給が無効となった場合に、その労働契約の部分が補充されるか否かは、労働協約、就業規則、個別労働契約などの当該事案の解釈によるとされているからである。旧労働契約法20条に関する、最高裁判決[31]においても、「正社員に適用される就業規則である本件正社員就業規則及び本件正社員給与規程と、契約社員に適用される就業規則である本件契約社員就業規則とが、別個独立のものとして作成されていること等にも鑑みれば、両者の労働条件の相違が同条に違反する場合に、本件正社員就業規則又は本件正社員給与規程の定めが契約社員……に適用されることとなると解することは、就業規則の合理的な解釈としても困難である。」と判示して、正社員と同一の権利を有する地位に基づく差額賃金請求を認めず、損害賠償請求について認める方向で高裁に、差し戻している。

　事業主とすれば、正規社員と非正規社員との労働条件が不合理と認められた場合の効果を過去分（損害賠償）だけにとどめるためには、正規社員と非正規社員の就業規則を別個の規程として定めておくこと、及び正社員の就業規則の適用範囲について、「この規程は、正規社員のみに適用し、非正規社員については、この規程を適用せず、別に定める」などと規定して、明確に分けておくべきと思われる。

3　就労環境、就業規則はどのように変容するのか

【注】

1　働き方改革実行計画4頁（同一労働同一賃金など非正規雇用の処遇改善）

2　労働政策審議会　同一労働同一賃金部会「同一労働同一賃金に関する法整備について」（報告）4頁

3　「同一労働同一賃金のすべて」水町勇一郎、63頁

4　労働政策審議会　同一労働同一賃金部会「同一労働同一賃金に関する法整備について」（報告）3頁は、「個々の待遇ごとに、当該待遇の性質・目的に対応する考慮要素で判断されるべき旨を明確化することが適当である。」とする。

5　最高裁第二小法廷、平成30年6月1日判決（長澤運輸事件）裁判所ウェブサイト10頁

6　労働者の業務の内容及び当該業務に伴う責任の程度をいう（平成24.8.10基発0810第2号第5の6(2)ア）

7　転勤、昇進といった人事異動や本人の役割の変化等（配置の変更を伴わない職務の内容の変更を含む。）の有無や範囲を指す（平成24.8.10基発0810第2号第5の6(2)エ）

8　合理的な労使の慣行などの諸事情が想定されるものである（平成24.8.10基発0810第2号第5の6(2)エ）

9　同一労働同一賃金ガイドライン案5頁の（注）

10　ニヤクコーポレーション事件、大分地裁平成25年12月10日判決

11　ジュリスト1465号、水町勇一郎114頁参照

12　平成30年6月1日最高裁第二小法廷判決（長澤運輸事件）

13　働き方改革実行計画6頁以下

14　3⑤を参照

15　労働政策審議会　同一労働同一賃金部会「同一労働同一賃金に関する法整備について（報告）9頁

16　「同一労働同一賃金のすべて」水町勇一郎、91頁参照

17　大分地裁平成25年12月10日判決

18　京都地裁平成29年9月20日判決

19　同一労働同一賃金の実現に向けた検討会報告書（平成29年3月）6頁

20　同一労働同一賃金の実現に向けた検討会、中間報告、平成28年12月

21　労働政策審議会　同一労働同一賃金部会「同一労働同一賃金に関する法整備について」（報告）3頁

22　前掲注6

23　前掲注7

24　最高裁第二小法廷判決平成30年6月1日（ハマキョウレック事件）裁判所ウェブサイト8頁「皆勤手当は、上告人が運送業務を円滑に進めるには実際に出勤するトラック運転手を一定数確保する必要があることから、皆勤を奨励する趣旨で支給されるものであると解されるところ、」「乗務員については、契約社員と正社員の職務の内容は異ならないから、出勤する者を確保することの必要性については」「両者の間に差異が生ずるものではない。また、上記の必要性は、当該労働者が将来転勤や出向をする可能性や、上告人の中核を担う人材として登用される可能性の有無といった事情により異なるとはいえない。そして、本件労働契約及び本件契約社員就

105

第5章　均等待遇　〜非正規雇用の処遇改善等〜

　　業規則によれば、契約社員については、上告人の業績と本人の勤務成績を考慮して
　　昇給することがあるとされているが、昇給しないことが原則である上、皆勤の事実
　　を考慮して昇給が行われたとの事情もうかがわれない。」と判断している。

25　中間報告4頁
26　中間報告4頁
27　菅野和夫、労働法第11版補正版342頁では、「たとえば、若年時に選抜・採用し、現
　　場の様々な業務の経験を積ませて事業の中核的人材として育成していく過程にあ
　　る無期契約正社員については、育成過程の途中で、当該業務内容に応じた時間単価
　　の職務給を支給されている有期契約労働者と同一ないし類似の定型的現場業務に
　　就くこともありうるが、中核的人材（その過程にある者）として正社員の職能等級
　　の中で処遇されるのは不合理とはいえないこととなる。また、無期契約労働者が、
　　有期契約労働者と類似の業務に従事していても、残業義務、遠隔地転勤の義務、海
　　外転勤の義務などの負担を負っているという場合には、それらの負担に見合ったよ
　　り手厚い報酬が正当化されよう。」とする。
28　「同一労働同一賃金のすべて」水町勇一郎、123頁以降
29　同一労働同一賃金の実現に向けた検討会中間報告参考資料6頁、神吉知郁子委員発
　　言
30　最高裁 第二小法廷判決平成28年2月19日（山梨県民信用組合事件）
31　前掲注14（最高裁第二小法廷判決平成30年6月1日（ハマキョウレックス事件））
　　下線筆者

《その他引用以外の参考文献》
1　水町勇一郎「同一労働同一賃金」のすべて
2　菊谷寛之、津留慶幸、同一労同一賃金速報ガイド（労働調査会）
3　緒方桂子、「働き方改革」と非正規労働法制の展望（法学セミナー、762号、2018.7、
　　28頁）
4　野田進「働き方改革推進整備法」法律案要綱をめぐる論点、（ジュリスト、1513号、
　　52頁）
5　村中孝史・徳住賢治・中山慈夫「鼎談　働き方改革と法の役割」（ジュリスト、
　　1513号、14頁）
6　皆川宏之、変更就業規則への同意—山梨県金信用組合事件（ジュリスト、労働判例
　　百選、46頁）
7　岩崎仁弥、「働き方改革」で就業規則・社内規程はこう直す！（ビジネスガイド、
　　2018.7月号、18頁）

第6章
ワーク・ライフ・バランス ～病気の治療、子育て・介護等と仕事の両立の観点から～

1 はじめに

第1章で触れた通り、働き方改革実行計画において、病気の治療と仕事の両立支援、子育て・介護等と仕事の両立支援のための体制整備が必要であるとされている。

人口減少時代において、人材の確保・定着を実現するとともに、生産性向上を達成し、経営を持続させるには、病気の治療、子育て・介護等と仕事の両立を支援するための体制整備を進め、労働者のワーク・ライフ・バランスを実現させることが不可欠となっている。

本章では、働き方改革関連法では直接盛り込まれなかった重要な論点である、病気の治療と仕事の両立支援と子育て・介護と仕事の両立支援とを分けて順に述べる。

2 病気の治療と仕事の両立

(1) 病気の治療と仕事の両立支援の位置づけ

労働安全衛生法では、事業者による労働者の健康確保対策に関する規定が定められている。

労働者の健康確保対策のための具体的措置として、使用者は労働者の状態に応じた就業上の措置（就業場所の変更、作業の転換、労働時間の短縮、深夜業の回数の減少等）を講じることが義務付けられている（同法66条1項、66条の5）。

事業者において病気の治療と仕事の両立支援のための体制整備を行うことは、事業者の義務である労働者の健康確保対策としての就業上の措置と位置づけられる。

107

第6章　ワーク・ライフ・バランス　～病気の治療、子育て・介護等と仕事の両立の観点から～

⑵　両立支援の流れ

両立支援は以下の流れで進めることになる。

ア　主治医への情報提供と主治医の意見の提出

労働者が、自らの仕事に関する情報を主治医に提供した上（**様式例①参照**）で、主治医から支援に「必要な情報」を取得（**様式例②**）して事業者に提出する。

＊様式例は「事業場における治療と職業生活の両立支援のためのガイドライン」（2016年2月厚生労働省）を参照。

「必要な情報」（様式例②参照）

- ・症状、治療の状況
  （現在の症状や入通院期間、治療のスケジュール、通勤や業務に影響を及ぼす症状や副作用等）
- ・退院後又は通院治療中の就業継続の可否
- ・望ましい就業上の措置に関する意見
  （避けるべき作業、時間外労働、出張の可否等）
- ・その他配慮が必要な事項に関する意見
  （通院時間の確保や休憩場所の確保等）

イ　事業者の判断

事業者が、主治医の意見や産業医等の意見を勘案し、就業継続の可否や就業上の措置及び治療に対する配慮の内容・実施時期等を判断する。

その際、事業者は、就業継続の希望や就業上の措置等に関する要望を労働者本人から聴取し、事業者の判断について本人の了解が得られるよう努める。

また、事業者は、安易に就業を禁止するのではなく、できるだけ配置転換、作業時間の短縮その他の必要な措置を講ずることによって労働者の就業の機会を失わせないようにすることが必要である。

ウ　事業者が労働者の就業継続が可能と判断した場合

事業者が労働者の就労継続が可能と判断した場合は、主治医や産業医の意見

2　病気の治療と仕事の両立

を勘案し、業務によって疾病が増悪することがないよう、就業上の措置及び治療に対する配慮の内容・実施時期等の「両立支援プラン」(**様式例③参照**) を検討・決定し、実施する。

① 両立支援プランに盛り込むことが望ましい事項

・治療・投薬等の状況及び今後の治療・通院の予定
・就業上の措置及び治療への配慮の具体的内容及び実施時期・期間
・作業の転換（業務内容の変更）
・労働時間の短縮
・就業場所の変更
・治療への配慮内容（定期的な休暇の取得）等
・フォローアップの方法及びスケジュール（産業医等、保健師、看護師等の産業保健スタッフ、人事労務担当者等による面談等）

② 入院等の休業を要さない場合の両立支援プラン

　両立支援プランの作成にあたっては、産業医等や保健師、看護師等の産業保健スタッフ、主治医と連携するとともに、必要に応じて、主治医と連携している医療ソーシャルワーカー、看護師等や、地域の産業保健総合支援センター、保健所等の保健師、社会保険労務士等の支援、両立支援コーディネーターの支援（※）を受けることも考えられる（**図表23**）。

　また、両立支援プランの作成にあたっては、治療の終了と同時に通常勤務に復帰できるとは限らないことに留意すべきである。

※「両立支援コーディネーター」について

　主治医、会社・産業医と、患者に寄り添う「両立支援コーディネーター」のトライアングル型のサポート体制を構築することが働き方実現会議において決定している。
　両立支援コーディネーターは、病気の治療に直面した労働者（患者）を支援し、主治医と会社の連携の中核的役割を担う。
　両立支援コーディネーターは、労働者に対し継続的に相談支援を行いつつ、労働者の同意の下、医療機関と事業者との間での情報共有をし、状況に応じた必要な業務上の配慮内容や配慮の見通しを整理して両立支援プラン策定を支援する他、関係者間の様々なコミュニケーションのハブとして機能することが期待されている。
　なお、全国各地で両立支援コーディネーターの養成に関する研修が開催されている。

第6章 ワーク・ライフ・バランス ～病気の治療、子育て・介護等と仕事の両立の観点から～

図表23 病気の治療との両立に向けたトライアングル型支援のイメージ

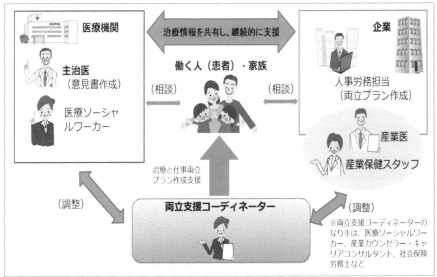

出所：働き方改革実現会議決定「働き方改革実行計画（概要）」

2 病気の治療と仕事の両立

（様式例① 勤務情報を主治医に提供する際の様式例）

（主治医所属・氏名）　先生

今後の就業継続の可否、業務の内容について職場で配慮したほうがよいことなどについて、先生にご意見をいただくための従業員の勤務に関する情報です。

どうぞよろしくお願い申し上げます。

従業員氏名		生年月日	年　　　月　　　日
住所			

職　　種	※事務職、自動車の運転手、建設作業員など		
職務内容	（作業場所・作業内容）　 □体を使う作業（重作業）　□体を使う作業（軽作業）　□長時間立位 □暑熱場所での作業　　　　□寒冷場所での作業　　　　□高所作業 □車の運転　　　　　　　　□機械の運転・操作　　　　□対人業務 □遠隔地出張（国内）　　　□海外出張　　　　　　　　□単身赴任		
勤務形態	□常昼勤務　　□二交替勤務　　□三交替勤務　　□その他（　　　　　　　　）		
勤務時間	＿＿時＿＿分　～＿＿時＿＿分（休憩＿＿時間。週＿＿日間。） （時間外・休日労働の状況：　　　　　　　　　　　　　　　　　　　　　　） （国内・海外出張の状況：　　　　　　　　　　　　　　　　　　　　　　　）		
通勤方法 通勤時間	□徒歩　　　□公共交通機関（着座可能）　　□公共交通機関（着座不可能） □自動車　□その他（　　　　　　　　　　） 通勤時間：（　　　　　　　　　　）分		
休業可能期間	＿＿年＿＿月＿＿日まで（＿＿＿＿＿日間）（給与支給　□有り　□無し 傷病手当金＿＿%）		
有給休暇日数	残＿＿＿＿＿日間		
その他 特記事項			
利用可能な 制度	□時間単位の年次有給休暇　　□傷病休暇・病気休暇　　□時差出勤制度 □短時間勤務制度　　　　　　□在宅勤務（テレワーク）　□試し出勤制度 □その他（　　　　　　　　　　　　　）		

上記内容を確認しました。

平成　　　年　　月　　日　　　（本人署名）＿＿＿＿＿＿＿＿＿＿＿＿＿＿＿＿＿＿＿＿＿

平成　　　年　　月　　日　　　（会社名）＿＿＿＿＿＿＿＿＿＿＿＿＿＿＿＿＿＿＿＿＿

第6章　ワーク・ライフ・バランス　～病気の治療、子育て・介護等と仕事の両立の観点から～

（様式例②　治療の状況や就業継続の可否等について主治医の意見を求める際の様式例（診断書と兼用））

患者氏名		生年月日	年	月	日
住所					

病名	
現在の症状	（通勤や業務遂行に影響を及ぼし得る症状や薬の副作用等）
治療の予定	（入院治療・通院治療の必要性、今後のスケジュール（半年間、月1回の通院が必要、等））
退院後／治療中の就業継続の可否	□可　　　　（職務の健康への悪影響は見込まれない） □条件付きで可（就業上の措置があれば可能） □現時点で不可（療養の継続が望ましい）
業務の内容について職場で配慮したほうがよいこと （望ましい就業上の措置）	例：重いものを持たない、暑い場所での作業は避ける、車の運転は不可、残業を避ける、長期の出張や海外出張は避ける　など 注）提供された勤務情報を踏まえて、医学的見地から必要と考えられる配慮等の記載をお願いします。
その他配慮事項	例：通院時間を確保する、休憩場所を確保する　など 注）治療のために必要と考えられる配慮等の記載をお願いします。
上記の措置期間	年　　月　　日　～　　　年　　月　　日

上記内容を確認しました。
平成　　年　　月　　日　　（本人署名）＿＿＿＿＿＿＿＿＿＿＿＿＿＿＿

上記のとおり、診断し、就業継続の可否等に関する意見を提出します。

平成　　年　　月　　日　　（主治医署名）＿＿＿＿＿＿＿＿＿＿＿＿＿＿＿

(注)この様式は、患者が病状を悪化させることなく治療と就労を両立できるよう、職場での対応を検討するために使用するものです。この書類は、患者本人から会社に提供され、プライバシーに十分配慮して管理されます。

2　病気の治療と仕事の両立

③　両立支援プランに基づく取組の実施とフォロー

　事業者は、両立支援プランに基づき、必要な就業上の措置及び治療への配慮を実施することになる。

　労働者の治療の経過によっては、実施すべき必要な措置や配慮の内容等が変わることもあるため、適時労働者に状況を確認し、必要に応じて両立支援プランを見直すことが必要である。

　なお、両立支援プランの見直しの検討に当たっては、人事労務管理担当部門や産業保健スタッフ等が、両立支援コーディネーターを交えつつ、組織的な支援を行うことが望ましい。

④　周囲の者への対応

　労働者に対して就業上の措置及び治療に対する配慮を行うことにより、周囲の同僚や上司等にも一時的に負荷がかかる。そのため、負荷がかかる同僚や上司等には、当該労働者のプライバシーに配慮しつつ、可能な限り必要な情報に限定した上で情報を開示し理解を得るとともに過度の負担がかからないようにすることが重要である。また、人事労務管理担当者や産業保健スタッフ等による組織的な支援を行うことが望ましい。

エ　労働者の長期の休業が必要な場合

　事業者が労働者の長期の休業が必要と判断した場合、休業開始前の対応・休業中のフォローアップを行うことが求められる。また、主治医や産業医等の意見、本人の意向、復帰予定の部署の意見等を総合的に勘案し、職場復帰の可否を事業者が判断した上で、職場復帰の際には、就業上の措置及び治療に対する配慮の内容・実施事項等についての「職場復帰支援プラン」を策定し、実施することになる（**様式例③**）。

①　休業開始前の対応

　労働者が長期に休業する必要があると判断した場合、事業者は、労働者に対して、休業に関する制度（賃金の取扱い、手続きを含む。）と休業可能期間、職場復帰の手順等について情報提供を行うとともに、休業申請書類を提

113

第6章　ワーク・ライフ・バランス　～病気の治療、子育て・介護等と仕事の両立の観点から～

出させ、労働者の休業を開始する。

　また、治療の見込みが立てやすい疾病の場合は、休業開始の時点で、主治医や産業医等の専門的な助言を得ながら、休業終了の目安も把握する。

② 休業期間中のフォロー

　休業期間中は、あらかじめ定めた連絡方法等によって労働者と連絡をとり、労働者の状況や治療の経過、今後の見込み等について確認するほか、労働者の不安や悩みを相談できる場を設けたり、活用可能な支援制度について情報提供したりする。

　なお、労働者自身による職場復帰に向けた準備も重要であり、必要に応じて、関連する情報を事業者から提供することも考えられる。

③ 職場復帰の可否の判断

　労働者の疾病が回復した際には、事業者は、以下のア～オのプロセスにより職場復帰の可否を判断する。

　ア　労働者本人を通じて、事業場が定めた様式等を活用して職場復帰に関する主治医の意見を収集する（**様式例④**）。

　　　なお、労働者は、主治医からの意見の収集に際して、両立支援コーディネーター、主治医と連携している医療ソーシャルワーカー、看護師等の支援を受けることも考えられる。

　　　主治医から提供された情報が十分でない場合は、両立支援コーディネーター、産業医等又は保健師、看護師等の産業保健スタッフがいる場合には、労働者の同意を得た上で、産業医等や産業保健スタッフが主治医からさらに必要な情報を収集することもできる。これらの者がいない場合には、労働者本人の同意を得た上で、人事労務担当者等が主治医からさらに必要な情報を収集することもできる。

　イ　主治医の意見を産業医等に提供し、職場において必要とされる業務遂行能力等を踏まえた職場復帰の可否に関する意見を聴取する。産業医等がいない場合は、主治医から提供を受けた情報を参考とする。

　ウ　本人の意向を確認する。

エ　復帰予定の部署の意見を聴取する。

オ　主治医や産業医等の意見、本人の意向、復帰予定の部署の意見等を総合的に勘案し、配置転換も含めた職場復帰の可否を判断する。

④　職場復帰支援プランの策定

職場復帰が可能であると判断した場合、事業者は、必要に応じて、労働者が職場復帰するまでの職場復帰支援プランを策定する（**様式例③**）。

職場復帰支援プランに盛り込むことが望ましい事項は、基本的には「両立支援プラン」と同様であるが、職場復帰支援プランの場合は、「職場復帰日」についても明示する必要がある。

職場復帰支援プランの策定にあたっては、両立支援コーディネーター、産業医等や保健師、看護師等の産業保健スタッフ、主治医、主治医と連携している医療ソーシャルワーカー、看護師等や、地域の産業保健総合支援センター、保健所等の保健師、社会保険労務士等の支援を受けることも考えられる。

また、職場復帰支援プランの作成にあたっては、退院や治療の終了と同時にすぐに通常勤務に復帰できるとは限らないことに留意が必要である。

⑤　復帰支援プランに基づく取組の実施とフォロー

事業者は、職場復帰支援プラン等に基づき、必要な就業上の措置及び治療への配慮を実施する必要がある。

治療の経過によっては、必要な措置や配慮等が変わることもあるため、適時労働者に状況を確認し、必要に応じて職場復帰支援プランを見直すことが求められる。

なお、職場復帰支援プランの見直しの検討にあたっては、人事労務管理担当者や産業保健スタッフ等による両立支援コーディネーターを交えた組織的な支援を行うことが望ましい。

⑥　周囲の者への対応

労働者に対して就業上の措置及び治療に対する配慮を行うことにより、周囲の同僚や上司等にも一時的に負荷がかかる。そのため、負荷がかかる同僚

第6章　ワーク・ライフ・バランス ～病気の治療、子育て・介護等と仕事の両立の観点から～

や上司等には可能な限り必要な情報に限定した上で情報を開示し理解を得るとともに過度の負担がかからないようにする。また、人事労務管理担当者や産業保健スタッフ等による組織的な支援を行うことが当該労働者にとっての「働きやすさ」につながる。

（様式例③　両立支援プラン／職場復帰支援プランの作成例）

作成日：　　　　　年　　　月　　　日

従業員		生年月日		性別
氏名		年　　月　　日		男・女
所属		従業員番号		

治療・投薬等の状況、今後の予定	・入院による手術済み。 ・今後1か月間、平日5日間の通院治療が必要。 ・その後薬物療法による治療の予定。週1回の通院1か月、その後月1回の通院に移行予定。 ・治療期間を通し副作用として疲れやすさや免疫力の低下等の症状が予想される。 ※職場復帰支援プランの場合は、職場復帰日についても記載

期間	勤務時間	就業上の措置・治療への配慮等	（参考）治療等の予定
（記載例） 1か月目	10：00 ～ 15：00 （1時間休憩）	短時間勤務 毎日の通院配慮要 残業・深夜勤務・遠隔地出張禁止 作業転換	平日毎日通院・放射線治療 （症状：疲れやすさ、免疫力の低下等）
2か月目	10：00 ～ 17：00 （1時間休憩）	短時間勤務 通院日の時間単位の休暇取得に配慮 残業・深夜勤務・遠隔地出張禁止 作業転換	週1回通院・薬物療法 （症状：疲れやすさ、免疫力の低下等）
3か月目	9：00 ～ 17：30 （1時間休憩）	通常勤務に復帰 残業1日当たり1時間まで可 深夜勤務・遠隔地出張禁止 作業転換	月1回通院・薬物療法 （症状：疲れやすさ、免疫力の低下等）
業務内容	・治療期間中は負荷軽減のため作業転換を行い、製品の運搬・配達業務から部署内の____業務に変更する。		
その他 就業上の配慮事項	・副作用により疲れやすくなることが見込まれるため、体調に応じて、適時休憩を認める。		
その他	・治療開始後は、2週間ごとに産業医・本人・総務担当で面談を行い、必要に応じてプランの見直しを行う。（面談予定日：__月__日__～__時） ・労働者においては、通院・服薬を継続し、自己中断をしないこと。また、体調の変化に留意し、体調不良の訴えは上司に伝達のこと。 ・上司においては、本人からの訴えや労働者の体調等について気になる点があればすみやかに総務担当まで連絡のこと。		

2　病気の治療と仕事の両立

（様式例④　職場復帰の可否等について主治医の意見を求める際の様式例）

患者氏名		生年月日		年	月	日
住所						

復職に関する 意見	□ 復職可　□ 条件付き可　□ 現時点で不可(休業：〜　　年　月　日)
	意見
業務の内容について職場で配慮したほうがよいこと （望ましい就業上の措置）	例：重いものを持たない、暑い場所での作業は避ける、車の運転は不可、残業を避ける、長期の出張や海外出張は避ける　など 注）提供された勤務情報を踏まえて、医学的見地から必要と考えられる配慮等の記載をお願いします。
その他配慮事項	例：通院時間を確保する、休憩場所を確保する　など 注）治療のために必要と考えられる配慮等の記載をお願いします。
上記の措置期間	年　　　月　　　日　〜　　　　年　　　月　　　日

上記内容を確認しました。
　　平成　　　年　　　月　　　日　　　（本人署名）＿＿＿＿＿＿＿＿＿＿＿＿＿＿＿

上記のとおり、職場復帰の可否等に関する意見を提出します。

　　　平成　　　年　　　月　　　日　　　（主治医署名）＿＿＿＿＿＿＿＿＿＿＿＿＿＿

(注)この様式は、患者が病状を悪化させることなく治療と就労を両立できるよう、職場での対応を検討するために使用するものです。この書類は、患者本人から会社に提供され、プライバシーに十分配慮して管理されます。

第6章　ワーク・ライフ・バランス ～病気の治療、子育て・介護等と仕事の両立の観点から～

(3)　両立支援のために必要な体制整備

　病気の治療と仕事の両立支援を実効的に実施するには、次に掲げる事項の取組が必要になる。

ア　基本方針、ルール作成と周知

　両立支援の必要性や意義を共有し、病気治療と職業生活の両立を実現しやすい職場環境を作るには、事業者として、病気治療と職業生活の両立支援に取り組むに当たっての基本方針や具体的な対応方法等の事業場内ルールを作成し、全ての労働者に周知することが重要である。

イ　研修等による意識啓発

　病気治療と職業生活の両立支援を円滑に実施するためは、当事者やその同僚となる全ての労働者、管理職に対する研修等を通じた意識の啓発が必要になる。管理職に対しては、支援申出、相談を受けた際の対応方法や、支援制度・体制についての研修等も重要である。

ウ　相談窓口等の明確化

　病気治療と職業生活の両立支援は、労働者からの申出を原則とすることから、労働者が安心して相談・申出を行えるよう、相談窓口の存在の周知、及び両立支援の申出が行われた場合の個人情報の取扱い等を明確にすることが重要になる。

エ　制度等の整備

　病気治療と職業生活の両立支援においては、短時間の治療が定期的に繰り返される場合、就業時間に一定の制限が必要な場合、通勤による負担軽減のために出勤時間をずらす必要がある場合などがあることから、以下のような休暇制度、勤務制度等を、各事業場の個別実情に応じて導入することが望ましい。

2 病気の治療と仕事の両立

①休暇制度

【時間単位の年次有給休暇】
　労使協定を結べば、1日単位で与えることが原則である年次有給休暇を1時間単位で与えることが可能（上限1年で5日分）。

【傷病休暇・病気休暇】
　事業者が自主的に設ける休暇。入院治療や通院のために、年次有給休暇とは別に休暇を付与するもの。取得条件や取得中の処遇（賃金の支払いの有無等）等は事業場ごとに異なる。

②勤務制度

【時差出勤制度】
　事業者が自主的に始業及び終業の時刻を変更することにより、身体に負担のかかる通勤時間帯を避けて通勤するといった対応が可能となる。

【短時間勤務制度】
　事業者が自主的に設ける勤務制度であり、療養中・療養後の負担を軽減すること等を目的として、所定労働時間を短縮する制度。

【在宅勤務・テレワーク】
　事業者が自主的に設ける勤務制度であり、パソコンなどの情報通信機器を活用した場所にとらわれない柔軟な働き方。自宅で勤務することにより、通勤による身体への負担を軽減することが可能となる。

【試し出勤制度】
　事業者が自主的に設ける勤務制度であり、長期間にわたり休業していた労働者に対し、円滑な復職を支援するために、勤務時間や勤務日数を短縮した試し出勤等を行うもの。復職や治療を受けながら就労することに不安を感じている労働者や、受入れに不安を感じている職場の関係者にとって、試し出勤制度があることで不安を解消し、円滑な就労に向けて具体的な準備を行うことが可能となる。

③　対応手順、関係者の役割の整理

　労働者からの支援の申出があった場合に円滑な対応ができるよう、労働者本人、人事労務担当者、上司・同僚等、産業医や保健師、看護師等の産業保健スタッフ等の関係者の役割と対応手順をあらかじめ整理しておくことが望ましい。

④　関係者間の情報共有の仕組み

　病気と治療と職業生活の両立のためには、労働者本人を中心に、人事労務担当者、上司・同僚等、産業医や保健師、看護師等の産業保健スタッフ、主治医等が、本人の同意を得た上で支援のために必要な情報を共有し、連携す

第6章　ワーク・ライフ・バランス ～病気の治療、子育て・介護等と仕事の両立の観点から～

ることが重要である。

　特に、就業継続の可否、必要な就業上の措置及び治療に対する配慮に関しては、治療の状況や心身の状態、就業の状況等を踏まえて主治医や産業医等の医師の意見を求め、その意見に基づいて対応を行う必要がある。

　このため、医師に労働者の就業状況等に関する情報を適切に提供するための様式や、就業継続の可否、必要な就業上の措置及び治療に対する配慮について医師の意見を求めるための様式を定めておくことが望ましい。

(4)　事業者に対する助成金制度

　病気の治療と仕事の両立支援体制の整備を進めることは、労働者のワーク・ライフ・バランスの実現及び人口減少時代における持続可能な事業経営に不可欠であることは先に述べた通りである。

図表24　利用可能な国の両立支援制度

制度	概要(両立支援と関連する部分)
人材確保等支援助成金 (雇用管理制度助成 コース) ※平成30年4月～	事業主が、新たに雇用管理制度(評価・処遇制度や従業員の健康づくりのための制度等)の導入・実施を行い、当該制度の適切な運用を経て従業員の離職率の低下が図られた場合に、目標達成助成57万円(生産性要件を満たした場合は72万円)を支給する。
人材確保等支援助成金 (中小企業団体助成 コース) ※平成30年4月～	中小企業者を構成員とする事業協同組合等が、傘下の中小企業の人材確保や従業員の職場定着を支援するために中小企業労働環境向上事業を行った場合に、要した費用の3分の2の額を助成する。
障害者雇用安定助成金 (職場定着支援コース)	事故や難病の発症等により障害者となった者等の職場定着、職場復帰を図るため、その特性に応じた雇用管理・雇用形態の見直しや柔軟な働き方の工夫等の措置を講じた事業主に対して助成する。
障害者雇用安定助成金 (職場適応援助コース)	事故や難病の発症等により障害者となった者等の職場適応を図るため、企業在籍型ジョブコーチによる支援を行う事業主に対して助成を行う。
障害者雇用安定助成金 (障害や傷病治療と仕事の両立支援コース)	【環境整備助成】 障害や傷病治療と仕事を両立するための勤務制度や休暇制度を導入するとともに、両立支援に関する専門人材(企業在籍型ジョブコーチ又は両立支援コーディネーター)を社内に配置した事業主に対して助成する。 【制度活用助成】 がん等の反復・継続して治療が必要となる傷病を抱える労働者のために、両立支援コーディネーターを活用して社内の制度を運用し、労働者が就労継続できるよう個々の労働者の傷病の状況やその変化に合わせて就業上の措置を行った事業主に対して助成する。

出所：「事業場における治療と職業生活の両立支援のためのガイドライン」
(厚生労働省2016年2月策定)より抜粋

国としても両立支援体制の整備を促進するため下表のとおり助成金制度による支援を行っている（図表24）。

3　子育て・介護と仕事の両立

(1)　子育て・介護と仕事の両立支援の位置づけ

　前述のとおり、労働者のワーク・ライフ・バランスを実現させ、持続可能な事業経営を進めるためには子育て・介護等と仕事の両立を支援するための体制整備が必要である。

　子育て、介護と仕事の両立においては、休業制度、休暇制度の充実や労働時間を短縮させる制度等、男女ともに離職することなく仕事と家庭が両立できるようにする支援制度が必要になる。

　この点、子育て、介護と仕事の両立を支援する法律である育児休業、介護休業等育児又は家族介護を行う労働者の福祉に関する法律（以下、「育児・介護休業法」）も近時、両立支援促進を図る改正が行われた。

　育児休業期間を子が2歳になるまでに延長できるようになったり、介護休業を分割して取得（3回まで、合計で93日）できるようになったり、休業を理由とする不利益取扱いの防止措置義務を新設したりする内容等の改正が行われた（2016年3月及び2017年3月に改正）。

　両立支援の制度を充実させ、労働者に両立支援制度の利用を促進させることが労働者の離職を防ぎ、労働者のワーク・ライフ・バランスの実現、事業者の人材確保、定着、生産性向上につながることになる。

　なお、働き方改革実行計画においては、労働者の中でも男性の育児・介護等への参加促進や男性の育休取得促進が掲げられている。

　以下では、近時の法改正と支援制度の概要、事業者が取り組むべき事項と認定・登録制度、助成金制度等について紹介することとしたい。

第6章　ワーク・ライフ・バランス　〜病気の治療、子育て・介護等と仕事の両立の観点から〜

(2)　法改正と支援制度の概要

ア　子育てと仕事の両立に関する改正と支援の概要

①　育児休業が「2歳まで可能に」

・原則

　育児休業期間は、子が1歳に達する日（誕生日の前日）までの間で労働者が申し出た期間である。

・例外1（1歳6か月まで）

　しかし、子が1歳に達する時点で、「労働者又は配偶者が育児休業をしている場合」「保育所に入所できない等、1歳を超えても休業が特に必要と認められる場合」のいずれにも該当する場合には、子が1歳6か月に達する日までの期間について、育児休業をすることができる。

・例外2（2歳まで。法改正。）

　さらに、子が1歳6か月に達する時点で、「労働者又は配偶者が育児休業をしている場合」「保育所に入所できない等、1歳6か月を超えても休業が特に必要と認められる場合」のいずれにも該当する場合には、子が2歳に達する日までの期間について、育児休業をすることができる。

　なお、育児休業給付金の給付期間も2歳までとなる。

②　育児休業制度等の個別周知の努力義務

　事業主に、労働者やその配偶者が妊娠・出産したこと等を知った場合に、当該労働者に対して個別に育児休業等に関する制度（育児休業中・休業後の待遇や労働条件など）を知らせる努力義務を創設した。

　これにより、労働者の生活の見通しを立てさせるとともに、男性労働者の育児休業取得の促進を図ることができる。

③　育児目的休暇制度の努力義務の創設

　事業主に、小学校就学に達するまでの子を養育する労働者が育児に関する目的で利用できる休暇制度を設ける努力義務を創設した。

　配偶者出産休暇、入園式、卒園式など子の行事参加のための休暇制度など

3 子育て・介護と仕事の両立

を事業者において設け、子育て参加の機会の充実を図ることができる。

④ マタニティー・ハラスメント（マタハラ）やパタニティー・ハラスメント（パタハラ）等の防止措置義務の新設

改正前においても、妊娠・出産・育児休業・介護休業等を理由とする「事業主による不利益取扱い」は禁止されていた。

改正により「事業主による不利益取扱い」の禁止だけでなく、上司・同僚からの、妊娠・出産、育児休業、介護休業等を理由とする嫌がらせ等（いわゆるマタハラ・パタハラなど）を「防止する措置を講じること」を事業主へ新たに義務付けられた。

なお、派遣労働者の派遣先にも、育児休業等の取得等を理由とする不利益取扱いの禁止、及び、妊娠・出産、育児休業、介護休業等を理由とする嫌がらせ等の防止措置の義務付けが規定された。

これにより、家庭の事情により休業せざるを得ない労働者の保護を図り、かつ、仕事と家庭の両立を図る事業者風土の醸成を図ることが期待される。

⑤ その他の改正内容

その他、有期契約労働者の育児休業取得の要件を緩和し、1年以上の継続雇用、子が1歳6か月になるまでの間に雇用契約がなくなることが明らかでなければ育児休業取得可能にした。また、子の看護休暇の取得単位の柔軟化（1日単位での取得だったのを半日単位での取得を可能にした。）、さらに、育児休業等の対象となる子の範囲の拡大（特別養子縁組の監護期間中の子、養子縁組里親に委託されている子等も対象になった。）も行われている。

イ　介護と仕事の両立に関する法改正

① 介護休業の分割取得

対象家族1人につき通算93日まで、3回を上限として、介護休業を分割して取得することが可能となった。

123

第6章　ワーク・ライフ・バランス　～病気の治療、子育て・介護等と仕事の両立の観点から～

②　介護のための所定労働時間の短縮措置等

　事業主は、要介護状態にある対象家族を介護する労働者について、連続す
る３年間以上の期間における所定労働時間の短縮の措置等（選択的措置義
務）を講じ、２回以上の利用ができることとしなければならない。

　選択的措置義務とは、具体的に以下の内容を指す。

> ・所定労働時間の短縮措置
> ・フレックスタイム制度
> ・始業・終業時刻の繰上げ・繰下げ
> ・労働者が利用する介護サービス費用の助成
> 　その他これに準じる制度

③　介護終了まで残業を免除する制度の新設

　要介護状態にある対象家族を介護する労働者がその家族を介護するために
請求した場合には、事業主は所定労働時間を超えて労働させてはならないこ
とになった。

④　介護休暇の取得単位の柔軟化

　改正前は１日単位での取得だった介護休暇（介護を行う労働者（日々雇用
される方を除く）は、１年に５日（対象家族が２人以上の場合は 10 日）ま
で、介護その他の世話を行うための休暇を取得することが可能）を半日単位
で取得できるようにした。

　以上の①～④については、介護を行う労働者の介護の程度や介護の時間的
都合を考慮し、介護と仕事の両立を支援するものとなっている。

ウ　子育て、介護と仕事の両立支援制度の概要

　子育て、介護と仕事の両立支援制度の概要は**図表 25** のとおりである。

　なお、**図表 25** の１～７の育児・介護休業、子の看護休暇、介護休暇、育児・
介護のための所定外労働、時間外労働及び深夜業の制限並びに所定労働時間の
短縮措置等については、就業規則で定めることが必要となる。

　また、労働基準法では常時 10 人以上の労働者を使用している事業所におい

124

3　子育て・介護と仕事の両立

て就業規則を作成・変更した場合には労働基準監督署長に届け出ることになっている。そのため、育児・介護休業等についても必要事項を就業規則に記載し、又は変更した場合には、それを労働基準監督署長に届け出なければならない。

図表25　育児・介護休業法の概要

① 育 児 休 業 ＜法第５条〜第９条の２＞

休業の定義	労働者が、原則としてその１歳に満たない子を養育するためにする休業
	※育児関係の「子」の範囲は、労働者と法律上の親子関係がある子（養子を含む）のほか、特別養子縁組のための試験的な養育期間にある子や養子縁組里親に委託されている子等を含む
対象労働者	・労働者（日々雇用を除く）
	・有期契約労働者は、申出時点で次の要件を満たすことが必要。
	①入社１年以上　②子が１歳６か月（２歳までの育児休業の場合は２歳）に達する日までに労働契約が満了し、更新されないことが明らかでないこと
	＜労使協定を締結することにより、対象外となる労働者＞
	①入社１年未満の労働者　②申出の日から１年以内（１歳６か月又は２歳までの育児休業の場合は６か月）に雇用期間が終了する労働者　③１週間の所定労働日数が２日以下の労働者
期　　　間	・原則、子が１歳（一定の場合において１歳２か月。保育所等に入所できない等の理由がある場合１歳６か月、それでも保育所等に入所できない等の理由がある場合２歳。）に達する日までの連続した期間
	・父母ともに育児休業を取得する場合は、子が１歳２か月に達する日までの間の１年間、取得可能（パパ・ママ育休プラス）
回　　　数	・子１人につき原則として１回（１歳６か月、２歳までの育児休業は別に取得可能）
	・子の出生後８週間以内に産後休業をしていない労働者が最初の育児休業を取得した場合は、特別な事情がなくても、再度の取得が可能（パパ休暇）
手　続　き	労働者は、休業開始予定日の１か月前（１歳６か月、２歳までの育児休業の場合は２週間前）までに書面等により事業主に申出
	※出産予定日前に子が出生したこと等の事由が生じた場合は１回に限り休業開始日の繰上げが可能、休業終了予定日の１か月前（１歳６か月、２歳までの育児休業の場合は２週間前）までに申し出ることにより１歳（１歳６か月、２歳）までの範囲内で事由を問わず１回に限り繰下げが可能

② 介 護 休 業 ＜法第11条〜第15条＞

休業の定義	労働者が要介護状態（負傷、疾病又は身体上若しくは精神上の障害により、２週間以上の期間にわたり常時介護を必要とする状態）にある対象家族を介護するためにする休業
対象労働者	・労働者（日々雇用を除く）
	・有期契約労働者は、申出時点で次の要件を満たすことが必要。
	①入社１年以上　②介護休業開始予定日から起算して93日を経過する日から６か月経過する日までに労働契約が満了し、更新されないことが明らかでないこと
	＜労使協定を締結することにより、対象外となる労働者＞
	①入社１年未満の労働者　②申出の日から93日以内に雇用期間が終了する労働者　③１週間の所定労働日数が２日以下の労働者
対 象 家 族	配偶者（事実婚を含む）、父母、子、配偶者の父母、祖父母、兄弟姉妹及び孫
	※介護関係の「子」の範囲は、法律上の親子関係がある子（養子含む）のみ
期間／回数	対象家族１人につき、通算93日まで／３回まで分割可能
手　続　き	労働者は、休業開始予定日の２週間前までに、書面等により事業主に申出
	※休業終了予定日の２週間前までに申し出ることにより、93日の範囲内で申出毎に１回に限り繰下げが可能

125

第6章　ワーク・ライフ・バランス ～病気の治療、子育て・介護等と仕事の両立の観点から～

③ 子 の 看 護 休 暇 ＜法第16条の2～第16条の3＞

制度の内容	・小学校就学の始期に達するまでの子を養育する労働者は、1年に5日（子が2人以上の場合は10日）まで、病気、けがをした子の看護又は子に予防接種、健康診断を受けさせるために、休暇の取得が可能 ・1日又は半日（所定労働時間の2分の1）単位で取得が可能 ※半日単位での取得が困難と認められる業務に従事する労働者は、労使協定の締結により、1日単位での取得に限定することが可能 ※「小学校就学の始期に達するまで」とは、対象の子が6歳に達する日の属する年度の3月31日までの期間のこと（以下同様）
対象労働者	・労働者（日々雇用を除く。1日の所定労働時間が4時間以下の労働者は1日単位のみ取得可。） ＜労使協定を締結することにより、対象外となる労働者＞ ①入社6か月未満の労働者　②1週間の所定労働日数が2日以下の労働者

④ 介 護 休 暇 ＜法第16条の5～第16条の6＞

制度の内容	・要介護状態にある対象家族の介護その他の世話を行う労働者は、1年に5日（対象家族が2人以上の場合は10日）まで、介護その他の世話を行うために、休暇の取得が可能 ・1日又は半日（所定労働時間の2分の1）単位で取得が可能 ※半日単位での取得が困難と認められる業務に従事する労働者は、労使協定の締結により、1日単位での取得に限定することが可能 ※「その他の世話」とは、対象家族の通院等の付添い、対象家族が介護サービスの提供を受けるために必要な手続きの代行等のこと
対象労働者	・労働者（日々雇用を除く。1日の所定労働時間が4時間以下の労働者は1日単位のみ取得可。） ＜労使協定を締結することにより、対象外となる労働者＞ ①入社6か月未満の労働者　②1週間の所定労働日数が2日以下の労働者

⑤ 育児・介護のための所定外労働・時間外労働の制限 ＜法第16条の8～第16条の9、第17条～第18条＞

	育児・介護のための所定外労働の制限	育児・介護のための時間外労働の制限
制度の内容	3歳に満たない子を養育する労働者が子を養育するため、又は要介護状態にある対象家族を介護する労働者がその家族を介護するために請求した場合には、事業主は所定労働時間を超えて労働させてはならない	小学校就学の始期に達するまでの子を養育する労働者がその子を養育するため、又は要介護状態にある対象家族を介護する労働者がその家族を介護するために請求した場合には、事業主は制限時間（1か月24時間、1年150時間）を超えて時間外労働をさせてはならない
対象労働者	・3歳に達するまでの子を養育する労働者、要介護状態にある対象家族を介護する労働者（日々雇用を除く） ＜労使協定を締結することにより対象外となる労働者＞ ①入社1年未満の労働者 ②1週間の所定労働日数が2日以下の労働者	・小学校就学の始期に達するまでの子を養育する労働者、要介護状態にある対象家族を介護する労働者 ＜対象外となる労働者＞ ①日々雇用される労働者 ②入社1年未満の労働者 ③1週間の所定労働日数が2日以下の労働者
期間／回数	1回の請求につき、1か月以上1年以内の期間 ／ 請求回数に制限なし	
手続き	労働者は、開始日の1か月前までに、書面等により事業主に請求	
例外	事業の正常な運営を妨げる場合は、事業主は請求を拒める	

3　子育て・介護と仕事の両立

⑥ 育児・介護のための深夜業の制限 ＜法第19条〜第20条＞

制度の内容	小学校就学の始期に達するまでの子を養育する労働者がその子を養育するため、又は要介護状態にある対象家族を介護する労働者がその家族を介護するために請求した場合、事業主は午後10時から午前5時（深夜）において労働させてはならない
対象労働者	・小学校就学の始期に達するまでの子を養育する労働者、要介護状態にある対象家族を介護する労働者 ＜対象外となる労働者＞ ①日々雇用される労働者　②入社1年未満の労働者 ③保育又は介護ができる、次のⅰ〜ⅲに該当する16歳以上の同居の家族がいる労働者 　ⅰ.深夜に就労していないこと（深夜の就労日数が1か月につき3日以下の者を含む） 　ⅱ.負傷、疾病又は心身の障害により保育又は介護が困難でないこと 　ⅲ.産前6週間（多胎妊娠の場合は14週間）、産後8週間以内の者でないこと ④1週間の所定労働日数が2日以下の労働者 ⑤所定労働時間の全部が深夜にある労働者
期間／回数	1回の請求につき、1か月以上6か月以内の期間 ／ 請求回数に制限なし
手　続　き	労働者は、開始日の1か月前までに書面等により事業主に請求
例　　外	事業の正常な運営を妨げる場合は、事業主は請求を拒める

⑦ 育児・介護のための所定労働時間短縮の措置 ＜法第23条＞

育児のための所定労働時間短縮の措置		介護のための所定労働時間短縮等の措置	
措置の内容	3歳に満たない子を養育する労働者に関して、1日の所定労働時間を原則として6時間とする短時間勤務制度を設けなければならない	措置の内容	要介護状態にある対象家族を介護する労働者に関して、所定労働時間短縮等の措置を講じなければならない
対象労働者	・労働者（日々雇用及び1日の労働時間が6時間以下の労働者を除く） ＜労使協定の締結により対象外となる労働者＞ ①入社1年未満の労働者 ②1週間の所定労働日数が2日以下の労働者 ③業務の性質・実施体制に照らして、短時間勤務制度を講ずることが困難と認められる業務に従事する労働者（※対象外となる業務の範囲を具体的に定めることが必要です）	対象労働者	・労働者（日々雇用労働者を除く） ＜労使協定の締結により対象外となる労働者＞ ①入社1年未満の労働者 ②1週間の所定労働日数が2日以下の労働者
代 替 措 置	短時間勤務制度を講ずることが困難な労働者については、次のいずれかの措置を講じなければならない ・育児休業に関する制度に準ずる措置 ・フレックスタイム制度 ・始業・終業時刻の繰上げ、繰下げ ・事業所内保育施設の設置運営その他これに準ずる便宜の供与	措　　置	次のいずれかの措置を講じなければならない ・所定労働時間を短縮する制度 ・フレックスタイム制度 ・始業・終業時刻の繰上げ、繰下げ ・労働者が利用する介護サービスの費用の助成その他これに準ずる制度
期　　間	子が3歳に達する日まで	期間／回数	対象家族1人につき、利用開始の日から連続する3年以上の期間／2回以上

127

第6章　ワーク・ライフ・バランス ～病気の治療、子育て・介護等と仕事の両立の観点から～

⑧ 事業主が講ずべき措置 ＜法第21条、第24条、第26条＞

小学校就学の始期に達するまでの子を養育又は家族を介護する労働者に関する措置	＜育児＞ ・小学校就学の始期に達するまでの子を養育する労働者に関して、育児休業に関する制度、所定外労働の制限に関する制度、所定労働時間の短縮措置又はフレックスタイム制等の措置に準じて、必要な措置を講ずる努力義務 ・小学校就学の始期に達するまでの子を養育する労働者に関して、配偶者出産休暇等の育児に関する目的で利用できる休暇制度を講ずる努力義務	＜介護＞ ・家族を介護する労働者に関して、介護休業制度又は所定労働時間の短縮等の措置に準じて、その介護を必要とする期間、回数等に配慮した必要な措置を講ずる努力義務
労働者の配置に関する配慮	就業場所の変更を伴う配置の変更において、就業場所の変更により就業しつつ子の養育や家族の介護を行うことが困難となる労働者がいるときは、その子の養育や家族の介護の状況に配慮する義務	
育児・介護休業等の個別周知	・事業主は、次の事項について、就業規則等にあらかじめ定め、周知する努力義務 　①育児休業及び介護休業中の待遇に関する事項 　②育児休業及び介護休業後の賃金、配置その他の労働条件に関する事項 　③子を養育しないこととなったことにより育児休業期間が終了した場合及び対象家族を介護しないこととなったことにより介護休業期間が終了した場合の労務提供の開始時期に関する事項 　④介護休業中の社会保険料の支払い方に関する事項 ・事業主は、労働者又はその配偶者が妊娠・出産したことを知った場合や、労働者が介護していることを知った場合に、当該労働者に対し、個別に関連制度を周知する努力義務	

出所：厚生労働省HPより

(3)　事業者が取り組むべき事項、認定・登録制度

ア　両立支援制度の周知・利用推奨

　事業者が両立支援に関する制度の整備に力を注ぐことは当然であるが、両立支援制度の利用率を上げ、子育て・介護と仕事の両立を実現する職場環境を形成するため、事業者は、両立支援制度の労働者への周知及び利用推奨に取り組まなければならない。

イ　認定・登録制度の活用

①　子育て支援における認定制度について

　事業者による子育てと仕事の両立支援を後押しするものとして、次世代育成支援対策推進法（以下「次世代法」という）及び「子育てサポート企業」と公的に認定する「くるみん認定」「プラチナくるみん認定」の制度がある。

　次世代法とは、次代の社会を担う子どもの健全な育成を支援するための行

動計画を策定することを求めている法律である。常時雇用する労働者が101人以上の企業は、労働者の仕事と子育てに関する「一般事業主行動計画」（以下「行動計画」という）を策定し、それを一般へ公表と労働者へ周知するとともに、都道府県労働局に届け出ることを義務と定めている（100人以下の企業は努力義務）（図表26）。

　また、行動計画の目標は、労働者のから要望のあった育児支援等に関する事項（例えば、妊娠中・出産後の健康管理に関する相談窓口の設置や育児目的の事業者独自の休暇制度の創設等）を参考に設定し、それを実現するための行動計画を策定することになる。

　次世代法の一般事業主行動計画の実施を前提とする「くるみん認定」とは、事業者が次世代法に基づく行動計画の策定・届出を行い、その行動計画に定めた目標を達成するなどの一定の要件を満たした場合、厚生労働大臣（都道府県労働局長へ委任）が当該事業者を「子育てサポート企業」として認定する制度のことをいう。

　加えて、「プラチナくるみん認定」とは、くるみん認定企業のうち、より高い水準の取組を行った事業者が一定の要件を満たした場合、優良な「子育てサポート企業」として特例認定をする制度のことをいう。

　このような「くるみん認定」や「プラチナくるみん認定」を受けた事業者は、それぞれくるみんマーク・プラチナくるみんマークの使用を認められ、自らが労働者の子育てと仕事の両立を支援する事業者であると公的に認定されたことを対外的にアピールすることができるようになる。事業者の人材確保等に役立つ制度といえよう。

　さらに、「くるみん認定」や「プラチナくるみん認定」を受けた事業者は、公共調達においての加点評価を受けることができるというメリットもある。

　なお、くるみん認定の基準の中に育児休業等を取得し得る男性労働者のうち育児休業等を取得した者の割合が７％以上であること等というものがあり、男性の育児休業等の取得を国が推奨する姿勢が表れている。厚生労働省のホームページには、一般事業主行動計画策定・変更届の様式やモデル計画、くるみん認定申請書様式等が掲載されており、また、一般事業主行動計画の公表も同省ホームページ「両立支援のひろば」（https://www.ryouritsu.jp/）

第6章　ワーク・ライフ・バランス　～病気の治療、子育て・介護等と仕事の両立の観点から～

図表26　一般事業主行動計画の策定の流れ

〇行動計画の策定から実施、くるみん認定、プラチナくるみん認定の流れは、以下の
①～⑩のとおりである。

① 自社の現状や労働者のニーズの把握

② ①を踏まえて行動計画を策定

③ 行動計画を公表し、労働者に周知（②からおおむね3か月以内）

④ 行動計画を策定した旨を都道府県労働局雇用環境・均等部（室）へ
届出（②からおおむね3か月以内）

⑤ 行動計画の実施

（「子育てサポート企業」としてくるみん認定を申請する
場合）

⑥ 行動計画期間の終了後、都道府県労働局雇用環境・均等部（室）へ、
くるみん認定の申請　　※9ページ以降参照

⑦ 「子育てサポート企業」として認定
くるみんマークの付与　　　　　　　　　　　　　くるみん認定！

（さらに高い水準の取組を行い、プラチナくるみん認定を申請する
場合）
※プラチナくるみん認定を受けるためには、事前にくるみん認定
を受けている必要がある。

⑧ くるみん認定後の行動計画の期間終了後、都道府県労働局雇用環
境・均等部（室）へ、プラチナくるみん認定の申請
※16ページ以降参照

⑨ 優良な「子育てサポート企業」として認定
プラチナくるみんマークの付与　　　　　　　　　プラチナ
くるみん
認定！

⑩ プラチナくるみん認定企業は、毎年少なくとも1回、次世代育成支
援対策の実施状況を公表　　※22ページ以降参照

出所：厚生労働省HPより

にて確認できる。

② 介護支援に関する登録制度について

介護と仕事の両立支援に関して、事業者の「仕事と介護を両立できる職場環境」の整備促進のための登録制度がある。

登録した事業者にはシンボルマーク（愛称：トモニン）の利用が認められ、介護と仕事の両立に取り組んでいることをアピールすることができる。登録方法については厚生労働省ホームページ「両立支援のひろば」（https://www.ryouritsu.jp/）からも登録できる。

(4) 助成金制度

事業者による子育て・介護と仕事の両立支援を促進するためのような助成金制度を簡単に紹介する。支給額や支給要件等は厚生労働省ホームページや各種パンフレットを参照されたい。

ア 出生時両立支援コース

男性が育児休業や育児目的休暇を取得しやすい職場づくりに取り組み、その取組によって男性に育児休業や育児目的休暇を取得させた事業主に支給される助成金である。

イ 育児休業等支援コース

① 育休取得時・職場復帰時

「育休復帰支援プラン」を作成し、プランに沿って労働者に育児休業を取得、職場復帰させた中小企業事業主に支給される助成金である。

② 代替要員確保時

休業取得者の代替要員を確保し、休業取得者を原職等に復帰させた中小企業事業主に支給される助成金である。

ウ 介護離職防止支援コース

仕事と介護を両立するための職場環境整備の取組を行い「介護支援プラン」

131

第6章　ワーク・ライフ・バランス ～病気の治療、子育て・介護等と仕事の両立の観点から～

を作成したうえで、介護休業の取得・職復帰、または介護のための勤務制限制度（介護制度）の利用を円滑にするための取組を行った事業主に、支給される助成金である。

エ　再雇用者評価処遇コース

妊娠、出産、育児または介護を理由として退職した者が、就業が可能になったときに復職でき、適切に評価され、配置・処遇される再雇用制度を導入し、かつ、希望する者を採用した事業主に支給される助成金である。

4　まとめ ～ワーク・ライフ・バランスの実現に向けて～

病気の治療、子育て・介護等と仕事の両立支援の重要性については既に述べたとおりである。

病気の治療、子育て、介護は誰でも経験し得る身近な問題であるが、実際に直面するまでその大変さを理解することは難しい。

事業者や周囲の者は、病気の治療、子育て、介護に直面する労働者の状況を理解するよう努め、両立支援体制の整備、両立支援制度の利用を促進していくことが必要である。

第7章
柔軟な働き方 〜テレワーク等の導入に向けて〜

1 はじめに

　前章では、育児介護休暇等の観点からワーク・ライフ・バランス（仕事と生活の調和）をみてきた。本章では、働き方の観点からワーク・ライフ・バランスを考えていきたい。

　現在では、人の生活態様も多様なものになっており、また、通信技術が発達しており、それに応じて、働き方も多様なものになっている。例えば、専ら、事業所で工場勤務や事務作業を行う労働者もいれば、事業所を離れ、営業先を複数訪問し、多くの契約を獲得する労働者もいる。また、自宅での勤務を許してもらい、作成した書面を事業所にメール等に送る、といった勤務態様もあれば、出張が多く、事業場や顧客との連絡は、専ら電話や電子メールで行い、事業所にほとんどいないで仕事をしている労働者もいる。

　本章では、人の働き方が多種多様なものになっていることに着目し、今般の「働き方改革」の中で取り上げられているテレワーク（情報通信技術を利用した事業場外勤務）について解説していきたい。

2 テレワークとは

　テレワークとは、「情報通信技術を利用して行う事業場外勤務」と定義づけられている。労働者は、電子メールを活用することにより、事務所内で勤務せずとも、課題となっている書面を上司に提出したり、経理等の報告を行ったり、顧客や上司に必要な連絡を行うことができるようになっている。就業場所としては、例えば、自宅であったり（在宅勤務）、会社が用意した簡易な事務所であったり（サテライトオフィス勤務）、移動中の公共交通機関や近所の喫茶店だったり（モバイル勤務）することが考えられる。そして、その就業場所とい

第7章　柔軟な働き方　〜テレワーク等の導入に向けて〜

うのも、固定のものではなく、例えば、1日の中で、在宅勤務から事業所での勤務に移行したり、モバイル勤務からサテライトオフィス勤務に移行したりと流動的なものが考えられる。

　そして、このテレワーク勤務においても、労働基準法、労働契約法、最低賃金法、労働安全衛生法、労働災害補償保険法等の労働基準関係法令が適用される。とりわけ、テレワークにおいては、使用者の面前、直接指揮命令の及ぶ場所でない場所での労働であるため、労働時間規制との関係で使用者の労働時間の管理が問題となり得る。また、昨今では、本来の労働時間外における、上司や顧客の電子メールの返信についての労働時間該当性が問題となっており、テレワークが本格化した場合、こうした問題は避けて通ることはできない。

　本章では、テレワーク勤務に伴う実務上の注意点、現行法制度との関係について解説を試みたい。

3　労働契約締結の際の注意点

(1)　労働条件明示義務との関係

　使用者は、労働契約締結に際し、労働者に対して賃金、労働時間その他の労働条件を明示しなければならず、明示すべき内容・方法については、労働基準法施行規則によるべきものとされる（労働基準法15条第1項）。そして、使用者が労働者に対して明示すべき労働条件は、労働基準法施行規則5条第1項に定められている。

　同規則5条1項の3号によれば、賃金の決定、計算、支払いに関すること等を明示することになっており、また、同条2号によれば、始業と終業の時刻等労働時間に関すること、そして、同条1号の3によれば、就業場所について明示することになっている。すなわち、使用者は、テレワークを行う予定の労働者に対しても、事業場内で勤務する労働者と同様に、始業と終業の時間（テレワークの実施と合わせて変更する場合には、就業規則への記載が不可欠である）、賃金の決定や計算の仕方、そして、就業場所を明示しなければならない。それは、まさに、労使間でルールを明確にし、共有することで、トラブルになっ

134

3 労働契約締結の際の注意点

た際の予測を持たせることになるし、ひいては、トラブルを未然に防止することになるからである。

特に、テレワークの場合、就業場所が流動的であるため、予め労使間で合意がなされ、労働条件として明示されるべきである。それは、使用者の労働者に対する安全配慮義務、職場環境配慮義務、職務上のプライバシー情報の管理にとっても重要なことでもあるし、後述のとおり、テレワークにも労働災害の認定が問題となるため、就業場所についての取り決めも重要になる。

モバイル勤務においては、就業場所が極めて流動的であるため、就業場所の許可基準を示した上で、「使用者が許可する場所」といった形で明示することが可能である。その際、考慮されるべきは、職務上のプライバシー情報との関係で、ネット環境の問題や公共性の程度（周囲に容易に仕事の内容が閲覧可能なところかどうか等）、パソコン等を使用するため、明るさの問題、その他、衛生面等の労働者の健康への配慮した事情等が考えられる。

(2)　労使間で合意しておくべきこと

テレワークの場合、使用者による労働者への現場での直接の指揮命令ができないため、指揮命令の方法、そして、同制度を導入することの目的、対象業務、テレワークの適用労働者の範囲、業務報告の方法につき合意することが望ましい。

テレワークでは、どうしても使用者と労働者の間の物理的な距離があり、労働者が業務遂行過程で悩みを生じがちである。そのため、業務の円滑な遂行に向けて、業務内容やその遂行方法を予め明確にしておくことが望ましい。

また、やはり事業所外での勤務となるため、職務上の情報管理のルール（特に、公務員の場合は、扱う情報の秘匿性の高さ、公共性より情報管理の問題は大きいと思われる）、使用する機器等の費用負担のルール（労働者に負担させる場合は、就業規則への規定が必須である。労働基準法89条第5号）についての合意も必要となる。

さらに、後述する労働時間規制、使用者による労働時間把握の関係から、業務内外の基準もある程度明確化しておくことが望ましい。

第7章　柔軟な働き方 ～テレワーク等の導入に向けて～

4　労働時間規制との関係

(1)　労働時間とは

　先述したとおり、テレワークの導入により、勤務態様も多様かつ流動的であり、就業場所も流動的であるため、労働時間該当性の問題、使用者による各労働者の労働時間の把握の問題、始業・就業時間の確定の問題は不可避なものとなる。

　既に第3章で述べているが、改めて我が国における労働時間規制について、触れておきたい。労働時間とは、使用者の指揮命令下に置かれている時間をいい（三菱重工造船所事件・最一小判平成12年3月9日民集54巻3号801頁）、使用者の明示的・黙示的な指示により労働者が業務を行う時間がこれにあたる。業務を行う上で不可避的に伴う準備、片付け行為、使用者の指示があった場合には即時に業務につかなければならず、労働から離れることが保証されていない状態で待機している、いわゆる手待時間も含まれる。

　そして、法定労働時間は1週間40時間（労働基準法32条1項）であり、これを超えて勤務させる場合には、労使協定の締結が必要である（いわゆる三六協定である。労働基準法36条1項）。時間外・休日労働については、法律上決められた手当を支払わなければならない（労働基準法37条1項）。

　先述したとおり、テレワークについても、既存の労働関係法令は適用されるため、その導入に際しては、この労働時間規制は遵守しなければならない。

(2)　使用者による労働時間の適正な把握について

　上記(1)で述べた労働時間規制は、労働者の健康に配慮し、かつ、労働者の生活の糧となる賃金算定にも関わる重要なルールである。そのため、その裏返しの責務として、使用者には、労働時間を適正に把握する責務がある（厚生労働省「労働時間の適正な把握のために使用者が講ずべき措置に関するガイドライン」（平成29年1月20日策定））。

　使用者は、労働者の労働時間を現認して把握することが望ましいが、実際は、事業場の規模等により困難なことが多く、ましてや、テレワークにおいては、そ

れはほぼ不可能であるため、タイムカードやパソコンの使用時間の記録等の客観的な記録によるべきである。特に、労働事件として多くを占める残業代請求事件においては、そのような客観的な記録がなく、あらゆる事情・資料を基に労働時間を推定する作業を強いられることが多い。テレワークの導入の有無にかかわらず、客観的に労働時間の把握を行える管理システム導入が必要となる。

とりわけ、テレワークにおいては、使用者が事業場内で、労働者の始業と終業を把握しているわけではないし、勤務態様が多様であるため、そもそも何をもって始業とし、終業とするのか、困難を伴うことが多く、特に、終業の確定に困難性を伴うことが多いといえる。労働時間の適正な把握、管理が困難な事案が多いように思われるため、労働契約の段階、あるいは、就業規則等の集団的なルールの中で、テレワークの導入にあたり、労働時間の算定にとって必要な事項をあらかじめ明示しておくことが望ましい。

(3) テレワーク導入により想定される問題

ア 自己申告制について

テレワーク勤務においても、パソコンの使用履歴、メールの送受信時間等の客観的な資料によって労働時間を特定することは可能である。しかし、手書きでの資料作成、顧客との面談、業務上の必要に基づく待機時間等、客観的な資料による労働時間の管理が困難な労働もあるため、労働者の自己申告により労働時間の把握がやむを得ないこともある。その場合においても、トラブルの未然防止のため、客観的な資料に基づく労働時間の管理の意識は必要である。

自己申告制による労働時間の前提にあるのは、労働者が実労働時間を適正に自己申告できる環境の整備である。労働者にその意識を持ってもらうため、適正な労働時間の申告を行うことなどについて労働者に十分説明を行わなければならない。とりわけ、自己申告制を導入する場合には、労働契約締結の段階において、その制度趣旨について労働者に理解を求めることに加え、トラブル防止のため、自己申告といえども、始業と終業が分かる客観的な証拠（始業や終業のメール送信等）を確実に残すように労働者に指導すること等が必要となるであろう。

そして、労働時間規制や時間外手当の支給を避けるため、労働者に対して、

第7章　柔軟な働き方 〜テレワーク等の導入に向けて〜

申告の上限となる時間を設けてはならないし、適正な申告を妨げるような業務命令等があってはならない。各事業場において使用者が、テレワークの形態を取る労働者（テレワーカー）に対し、労働時間の適正な申告を妨げるような環境がないかどうか、定期的に確認することが必要である。

　先述したとおり、自己申告といえども、始業・終業に関し、客観的証拠を残す作業が必要である。そして、その客観的証拠と労働者の申告にかけ離れている場合には、使用者側において、労働時間の実態調査をし、適正な労働時間の把握を行わなければならない。テレワーク導入にあたっては、事業場外においても労働時間を客観的に把握できるようなタイムカードのような管理システムの導入が必要であると思われる。

イ　中抜けの時間について

　例えば、育児休暇取得期間が経過した後も、育児の必要があり、在宅勤務により自宅において書面作成業務を行っていた場合、育児のために1時間だけパソコンの前を離れた場合、このパソコンの前を離れている間の時間が労働時間にあたるといえるであろうか。

　先程の労働時間の定義からすれば、この間、労働から解放され、育児に専念することができているのであれば、労働時間にはあたらないと考えるべきである。その場合、法律上の休憩時間に充てると考えることも可能である。また、労働基準法39条4項は、労使協定で定めることにより、時間単位での年次有給休暇を取得することを認めているので、テレワーカーをその範囲に含めることにより、年次有給休暇として取り扱うことも可能であろう。

ウ　通勤時間や移動時間について

　先述したように、テレワークは、日々、勤務態様や勤務場所が流動的である。例えば、1日の業務において、サテライトオフィス勤務からモバイルテレワークに移行し、最後に、事業場内勤務となる場合も考えられる。その際の移動時間は労働時間に該当するのかという問題がある。

　労働基準法上の労働時間の定義からすれば、移動時間が使用者の指揮命令下にあるのであれば、労働時間にあたるというべきであるし、また、移動時間を

テレワークに利用しているのであれば、それは、まさに、使用者の指揮命令下にあるというべきであるから、労働時間にあたるというべきであろう。

例えば、自宅からサテライトオフィスへ通勤する時間については、原則としては、労働時間にあたらないと考えるべきである。しかし、使用者より自宅勤務を命じられた後に、サテライトオフィスでの勤務を改めて命じられ、その移動時間が不可避的に発生した場合には、全体として指揮命令下にあり、労働からの解放が認められないため、労働時間と考えるべきである。サテライトオフィスから、事業場への移動についても、労働者の都合により生じた場合については、労働時間にはあたらないと考えるべきであるが、使用者の指揮命令により不可避的に生じた場合には、労働からの解放が認められないため、労働時間と考えるべきである。

このように「通勤時間」、「移動時間」といった形式的な観点で労働時間に該当するかどうかを決めるのではなく、どうしてその移動が生じたのか、業務の必要性や業務命令の有無や内容、当該移動時間の自由度等に照らして、個別具体的に検討する必要がある。

エ　まとめ

今まで述べたとおり、テレワーク導入にあたり、労働時間の特定、適正な把握にあたり、様々な問題が生じる。その場合においても、労働時間に関する基本的な考え方をベースに、労働からの解放が認められているかどうか、使用者の指揮命令があったのか、その指揮命令の範囲にあたるか等、具体的な事情を考慮して労働時間該当性を検討する必要がある。このように難しい問題があるからこそ、労使間である程度の合意や考え方の共有等の事前準備が必要不可欠であり、使用者においては、テレワーカーの労働時間該当性について、契約締結段階において、具体的な場面を想定しながら労働者に明示し、予測を持たせておくことが必要である。

(4)　時間外労働・休日労働について

先述したとおり、時間外労働・休日労働について、手当を支給しなければならないことは、事業場内勤務と同様である（労働基準法37条1項）。

第7章　柔軟な働き方 ～テレワーク等の導入に向けて～

　自己申告制をとっているところでは、この規制を免れるため、労働者が申告する労働時間につき上限を決めたり、あるいは、常に8時から17時まで（休憩1時間）と申告するように、というように労働実態に反した指導（指示）をしてはならない。使用者は、実労働時間の把握のための必要な措置をとらなければならない。

　タイムカードの管理システムを導入する場合であっても、定時に打刻するように指導した上で、いわゆるサービス残業を命じることもあってはならない。

　そして、テレワークは、ワーク・ライフ・バランスの実現のために、導入が検討されてきたものであり、例えば、休日の在宅勤務を命じる等して、私生活と業務が混同するような事態にならないよう使用者も配慮を要する。

(5)　休憩について

　休憩については、一斉に付与することが原則であるが、テレワークについては、柔軟な働き方を実現するためのものであり、働き方の特殊性を鑑み、労使協定により、一斉付与の対象から外すことも可能である（労働基準法34条2項）。

　また、労働者には、休憩時間を自由に利用させなければならず（労働基準法34条3項）、その間、例えば、メールへの対応や電話対応を義務付けたり、その他の作業を命じることがあってはならない。自由な休憩時間の利用を認めなかったとして、使用者に慰謝料の支払いを認定した最高裁判例もあることから、注意を要する（住友化学工業事件・最三小判昭和54年11月13日労経速1032号3頁）。

5　労働基準法上の特別な労働時間との関係

(1)　フレックスタイム制について

　フレックスタイム制とは、労働者が、1ヶ月等の単位期間のなかで一定時間数（契約時間）労働することを条件として、1日の労働時間を自己の選択する時に開始し、かつ、終了できる制度である。フレックスタイム制の適用要件と

140

しては、①一定範囲の労働者につき始業・終業時刻を各労働者の決定に委ねることを就業規則で定めること、②フレックスタイム制をとる労働者の範囲、1ヶ月以内の単位期間（清算期間）、この清算期間において働くべき総労働時間を労使協定で定めること、が求められる。なお、総労働時間は、平均して週の法定労働時間を超えないものである必要があるが、1日、週単位でみると法定労働時間を超えたものと取り扱うことができる。

　テレワークにおいても、フレックスタイム制を活用することが可能である。フレックスタイム制を導入する場合においても、個別に労使間で同制度を利用したテレワークの勤務体制とすることにつき事前に合意がなされなければならない。フレックスタイム制が導入された場合には、労働者がその選択により労働することができる時間帯（フレキシブルタイム）を決めることができるため、テレワークと合わせれば、より使用者が各労働者の労働時間の把握が困難となる。したがって、使用者としては、各テレワークの労働者の労働時間を把握するために必要な措置をとらなければならない。パソコンの使用時間の把握、メールの送受信により始業・終業時刻の把握等が考えられる。

　フレックスタイム制とテレワークを合わせれば、より柔軟な働き方の実現が可能となり、1ヵ月の清算期間の範囲で長期休暇の取得、それにより、私生活の充実が期待できる。その反面、1日、週単位でみれば法定労働時間を超えているところもあるため、働きすぎにより健康を害することも考えられるため、使用者としても労働者の精神的、身体的な健康への配慮がより一層求められることとなる。

(2)　事業場外みなし労働時間制について

　労働者が労働時間の全部または一部について事業場施設の外で業務に従事した場合において、労働時間を算定しがたいときは、法定の労働時間だけ労働したものとみなし、ただし、当該業務を遂行するためには通常法定労働時間を超えて労働することが必要となる場合には、当該業務の遂行に通常必要とされる時間労働したものとみなす制度である（労働基準法38条の2第1項）。法定労働時間の潜脱にならないような実務運用がなされなければならない。

　実務上、この事業場外みなし労働時間制は、「労働時間を算定しがたい」場

第7章　柔軟な働き方　～テレワーク等の導入に向けて～

合に該当するか否かで争いになることが多い。テレワークにおいては、使用者がテレワーカーの労働成果物を随時確認することが事業場内勤務より困難であり、各業務に対するテレワーカーの労働時間を把握することができず、労働成果物から労働時間を算定することが困難な場合が多く、どのような場合に「労働時間を算定しがたい」に該当するかについて様々な事情を考慮して検討せざるを得ない。

　とはいえ、使用者がまったくテレワーカーの労働時間を把握することができないわけではなく、メール等で具体的に指示をする、労働者から報告を受ける等して、各業務につきテレワーカーの労働時間を把握することは可能である。したがって、テレワークにおいて、「労働時間を算定しがたい」とは、使用者の具体的な指揮監督が及ばず、労働時間を算定することが困難である場合に限られる。そのためには、①情報通信機器が、使用者の指示により常時通信可能な状態におくこととされていないこと、②随時、使用者の具体的な指示に基づいて業務を行っていないこと、という前提が必要である。

　具体的には、使用者がテレワーカーの持つ情報通信機器を通じて、随時、業務の指示を出し、これに対し、テレワーカーが即座に応答することとされていないような場合である。テレワーカーが自由に使用者との通信状態を断つことができる場合、あるいは、通信状態を断つまではいかなくても、自由にテレワーカーが通信状態のない場所に行くことができる場合には、使用者は具体的な指示をすることができない。そのため、その指示に対する労働成果物を見て、労働時間を算定することができないので、「労働時間を算定しがたい」場合に該当することになろう。使用者は、テレワーカーに対する具体的な指示、例えば、内容を指定して報告書を書くように指示し、完成するまでの時間を見て、通常その業務にかかる労働時間を推察することになるため、例えば、いつまでにあらかじめ定められた売上を達成しよう等の業務の目標を指示する類のものは、使用者において労働時間を推察するに足りるものではないため、使用者の具体的な指示にはあたらない。

　なお、「労働時間を算定しがたい」場合に該当し、同制度を利用したテレワークが可能であったとしても、使用者には、テレワーカーの労働時間を適正に把握する責務があり、定期的に労働者の勤務状況等を把握したり、報告を求めた

りしなければならない。

(3) 裁量労働制について

　他章で既述した通り、裁量労働制については、「専門業務型」と「企画業務型」とあり、専門性の高い業務ゆえに各労働者に各業務の遂行、労働時間に裁量があり、通常の労働時間規制から外し、労働時間につき各労働者の決定に委ね、その労働時間内での業務遂行により法定労働時間労働したとみなす制度である。「専門業務型」では労使協定を締結し、その中で対象となる業務を特定、当該業務の遂行の手段・時間配分等に関して具体的な指示をしないこととする旨、及び当該業務に従事する労働者の労働時間の算定について定めることで一定時間労働したものとみなす旨定めて、労働基準監督署長に当該協定を届け出る必要がある。例えば、技術開発、デザイン、放送番組の制作等の業務がこれにあたる。一方、「企画専門型」は、事業場の労使委員会が「専門業務型」の労使協定記載事項に加えて、健康福祉の確保措置に関する事項や苦情処理手続等をあらかじめ決める必要がある。

　テレワークにおいては、専門性の高い仕事、企画・立案等、テレワーカーに労働時間配分、業務遂行の手段等について委ねられるべきものについて、裁量労働制を利用することができる。テレワークと併用された場合、ますます使用者において、テレワーカーの労働時間を把握することができなくなる。ましてや、使用者よりもテレワーカーにおいて、各業務の時間配分について熟知していることがあり、労働成果物から労働時間を推察することができない場合もあるであろう。また、テレワーカーにおいても、責任感から自分の決めた時間配分で業務を遂行したいと考えるあまり、過大な業務を抱えてしまう危険性があり、過重業務ゆえに精神的、身体的な健康を害してしまう危険性がある。

　よって、使用者においては、テレワーカーの業務遂行に任せたままにするのではなく、適宜メール等で具体的な指示にならない限度で進捗状況を確認する、時間配分の見直しについて協議する等して、テレワーカーの業務が過重になりすぎないよう注意を要するべきである。ましてや、労働時間規制の潜脱を企図して、通常定めた労働時間内に終わらないような過大な業務を与えることがあってはならない。

143

第7章　柔軟な働き方 ～テレワーク等の導入に向けて～

6 職場環境や労働者の健康配慮との関係

(1)　長時間労働にならないために

　テレワークにおいては、働き方が特殊であるため、事業場内勤務と異なり、使用者とテレワーカーの意思連絡が情報通信機器を通じて行われることとなる。そのため、通信状態は、24時間つなげておくことも可能であることから、長時間労働になってしまいかねない危険がある（メールの送受信等は、物理的には24時間可能である）。

　また、使用者が適切にテレワーカーの労働時間の把握に努めなければ、また、テレワーカーが実労働時間を正確に申告する環境になければ、テレワーカーの労働時間は青天井に増えていってしまう危険性がある。そうなれば、ライフワークバランスのための制度が本末転倒の利用がなされかねない。

　よって、メール送受信時間を特定し、その時間帯以外のメールの送受信は控えることを業務として命ずる、テレワークは事業場外での勤務であることから、特定の時間外、また、休日の外部のパソコンからのアクセスを禁止する、先ほど述べたとおり、時間外・休日・深夜のテレワーク自体を禁止する等の措置が必要である。そして、責任感あるテレワーカーは、それでもなお与えられた職務をこなさなければならないという気持ちから、長時間の過重業務を行うこととなりかねないため、仕事より自分の健康が大事であることを職場で周知させ、こうしたテレワークの危険性を理解してもらうこと、労働時間の記録や管理システムを活用し、注意喚起を行うべきである。

(2)　職場の環境について

ア　社内教育について

　先述したように、テレワークにおいては、どうしても使用者と労働者の物理的な距離があるため、労働者が業務の遂行過程で不安を抱えやすい。よって、社内教育や研修制度の充実が望ましい。

イ　業績評価基準の明確化

　テレワークについても、事業場内勤務の者に比べて不利にならない業績評価がなされなければならない。

　テレワーカーは、必ずしも使用者の面前で仕事をするわけではないため、自身の業績がきちんと評価されているのか不安を感じることもある。その業績が生活の糧となる賃金に直結するのであればなおさらのことである。テレワーカーの業績評価基準を明確にしておく必要がある。なお、賃金制度を別個に定めるときは、就業規則を作成、変更し、届け出なければならない（労働基準法89条第2号）。

ウ　労働安全衛生法との関係

　テレワークにも労働安全衛生法の適用があり、健康診断の受診をさせること、その結果を受けた措置の実施、長時間労働者に対する医師による面接指導やそれを受けた措置を講じること、ストレスチェックとその結果等を受けた措置の実施が必要である。

　また、テレワーカーは、メールの送受信等を日々迫られ、メンタルヘルスに影響を与えてしまうことがあるため、メンタルヘルス対策の実施も必要である。また、テレワーカーの安全衛生に対する啓発のため、必要な安全衛生教育の実施も必要である。

(3)　労働災害の補償との関係

　テレワークにも、労働災害の適用があることは前記したとおりである。

　ただし、業務上の災害といえるかどうかについて、私的行為と業務行為の線引きが難しいという問題がある。この点は、後述する通りである。

第7章　柔軟な働き方 ～テレワーク等の導入に向けて～

7 実務上問題となること

(1) 労働時間認定の問題

　テレワークにおいて、労働時間を厳格に把握し、特定することが難しいことは前記したとおりである。

　使用者の指揮命令下にあるかどうかがメルクマールとなるが、明示のものだけではなく、黙示のものも含むため、テレワーカーが時間外に行ったメールの送受信等が指揮命令下でなされたものか否かが問題となることが多いように思われる。

　とりわけ、メールの送受信については、物理的には24時間可能であるため、そのメールの返信について義務が課されていたのかどうかについて争いになり得る。

　実務上では、昨今、時間外にメールの送受信が行われた場合に（通勤・退勤時間に行われていることもある。）、労働時間に該当するかどうか争われているケースが多く、テレワークが本格的に導入した場合、その争いはますます増えていく可能性がある。

(2) 労災認定の問題

　テレワーカーが業務上災害で負傷ないし死亡した場合に、業務上の災害か、それとも私的行為に基づくものかの線引きは非常に難しい。ましてや、事業場内ではないため、テレワーク労働者の勤務状況について、詳細な目撃者がいないことも多く、業務上の災害の認定にかかる証拠が乏しい事態も生じると思われる。

　テレワーカーとしては、使用者の指示の内容を具体的に書き留めておく、自身のタイムスケジュールをきちんと記録しておく等して日頃から証拠を残しておく必要がある。

　使用者としては、労働時間の適正な把握のため、具体的な指示の過程の中で、業務の遂行状況や始業・終業時刻の把握、長時間労働にならないよう適宜注意喚起する等し、過重業務ゆえに過労死等の事態が生じないよう配慮するとともに

146

に、日々労働時間管理はもちろん、メンタルヘルスをはじめとした労働安全衛生にも気を配る必要がある。

(3) メンタルヘルスの問題

テレワークにおいては、私的時間と業務時間の線引きが難しいことの裏返しとして、私生活の時間・空間に業務の時間が入り込んでくることが多く、仕事との距離感を誤り、メンタルヘルスを害してしまう危険性がある。

使用者としては、テレワークの労働者の健康状況、就労環境に適宜注意を払う必要がある。職場環境配慮義務、健康・安全配慮義務は、テレワークであっても例外ではないのである。

8 最後に

テレワークは、働き方を多様化し、通勤時間等の移動の節約、業務の効率化という点で労使共にメリットのある制度であり、うまく活用すれば、極めて合理的な経済活動が可能となる。

しかし、労働時間規制との関係では、運用如何によっては、長時間労働を可能にしてしまったり、公私混同の事態が生じてメンタルヘルスを害して、結果として死に至るといった危険性もある制度である。

労働時間の適正な把握、メンタルヘルスや職場環境の配慮といったフォローが求められる。そのためには、労使間の情報共有、意思疎通は必要不可欠であり、また、労働契約締結の段階からある程度の協議がなされ、テレワークの業務内容を明確化することにより、円滑な業務遂行がなされるような制度運用がなされることが望ましい。

147

第8章
働き方改革と社会保障制度 ～高齢者雇用・外国人材受入れ等に関連して～

1 社会保障制度を危ぶませる少子化

(1) 社会保障と雇用政策は車の両輪

　毎年、成人式には筆者のゼミ生らは、振り袖姿で地元旧友らと懐かしい時間を過ごす。しかし、周知のように成人に達する人数は減少を続け、2020年は約118万人、2025年には約106万人となる見通し（図表27）だ。しかも、2016年の出生数が100万人を割り込んでいる。

　一方、団塊世代が成人に達した1968～71年には約240万人前後、団塊ジュニア世代の1991～95年には200万人前後が成人式を迎えた。これらを比較するだけでも、超高齢化・少子化社会を実感せざるをえない。

　少子化が深刻化することで、社会保障制度の持続性に大きく影響を与えることは、誰でも認識している。当然であるが保険料や税負担といった給付を支える現役世代が減少すれば、社会保障制度の維持は難しい。

　具体的には年金問題で容易に理解できる。年金給付と負担の世代間格差が顕

図表27　年度別新成人数の推移（万人）

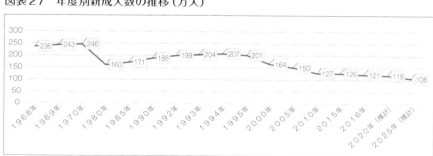

出所：総務省資料より作成

著で、厚生労働省資料によれば、国民年金において1945年生まれの人が支払う保険料額が約400万円、逆に受け取る給付額は約1,400万円と、3.8倍（物価上昇分を勘案した倍率）の給付額の見通しとなっている。

しかし、1995年生まれの人は保険料額が約1,500万円に対して、もらえる給付額は約2,300万円と1.5倍（同）にしかすぎない。公的年金制度は損得勘定で考えるべきでないとしても、20代、30代の負担と給付を、団塊世代と比べれば世代が若くなるにつれ不利となる。

(2) 未婚者急増と雇用問題

国立社会保障・人口問題研究所が公表した資料によれば、50歳までに一度も結婚していない「生涯未婚率」と定義づけた2015年時のデータが、男性で約23％、女性で約14％と過去最高を記録している（図表28）。それに対し1990年バブル全盛期のデータは、男性が約5％、女性が約4％と、その差を物語っている。特に、男性の伸び率は著しい。

もちろん、結婚しない男女が増えている背景には、「個人主義」といった価

図表28　生涯未婚未婚率の推移

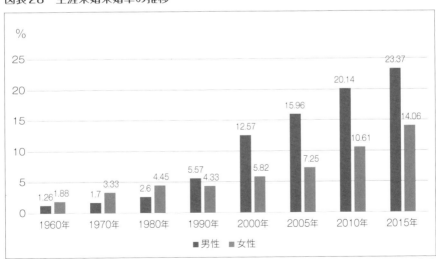

出所：国立社会保障・人口問題研究所『日本の将来推計人口(平成29年推計)』2017年4月より作成

値観の浸透や男女共同参画の拡充によって、家庭よりも仕事や趣味を優先する人が増えていることは否めない。

ただし、最大の要因は、雇用の不安定化が挙げられる。厚生労働省のデータによれば、1990年の25歳〜34歳における非正規雇用労働者は、約118万人に過ぎなかったのだが、2015年では約290万人と増加している。35歳〜44歳においては、同じ年代で比較すると約246万人に対して、約393万人も増えている。

もちろん、これらの中には、一部、積極的に非正規雇用を選択している者もいるだろうが、これだけ非正規雇用労働者が増えれば、結婚を諦めて生涯独身で生きていく若者が増えてもいたしかたない。まして、結婚して子供を作れば、教育費も考慮しなければならず、雇用の安定化が図れない以上、幸せな家庭生活は夢幻と考える者が多くなるのも当然だ。

もし、生涯未婚率の上昇を是正し少子化傾向に歯止めをかけるのであれば、終身雇用制度を再構築させ、雇用の安定化を図ることから始めなければならないと、筆者は考える。確かに、企業にとっては非正規雇用労働者の活用を促進したほうが、人件費の効率化にもつながるだろう。しかし、社会保障制度全体から考えると、深刻な事態を招いていることを忘れてはならない。

2 労働力不足の深層

(1) 売り手市場といわれるが

厚労省の労働経済白書によれば、2017年2月の完全失業率は2.8％と、1994年6月以来22年8か月ぶりに低水準に改善した。また、有効求人倍率も2017年3月には1.45倍と、バブル期の1992年11月以来26年4か月ぶりに高い水準となっている。筆者も学生の就職指導の過程において、かなりの「売り手市場」を実感できる。

これらは「アベノミクス景気」によって、雇用情勢が好転しているとの見方が一般的だ。確かに、日経平均株価もバブル期水準に戻り、企業の収益増による好景気が一因であることは言うまでもない。

しかし、今後の雇用情勢を測る尺度として少子化による生産年齢人口の減少

第8章　働き方改革と社会保障制度　～高齢者雇用・外国人材受入れ等に関連して～

を注視していかなければならない。実際、15歳から64歳までの生産年齢人口は、1992年には約8,600万人であったものの、2018年1月時点で約7,600万人と1,000万人も減少している。

　だからといって外国人労働者は2008年10月末では約50万人であったのだが、2016年10月末では約108万人と倍増しているとはいえ、約50万人程度しか増えてはいないのだ。

(2)　労働力は減少傾向に

　つまり、今後の雇用情勢の動向を図る尺度として経済情勢のみに限らず、少子化といった人口データを加味していかなければならない。繰り返しになるが、2025年には生産年齢人口は約6,600万人、2030年には約6,000万人と大きく下回っていくことが予想されている。もちろん総人口が減ることで、一部の産業において労働力ニーズは減退するであろう。

　しかし、あくまでも総人口の下げ幅のほうが生産年齢と比べれば緩やかであり、むしろ超高齢化に伴い介護や医療といった高齢福祉分野の人材ニーズは高まるばかりだ。つまり、今後は景気動向に関わらず、人手不足問題が継続されていく可能性は高いであろう。

3　高齢者就労の促進

(1)　元気高齢者を労働力の補完に

　2017年1月5日、日本老年学会などが高齢者の定義を現行の65歳から75歳に引き上げるべきとの考えを示した。20年前と比較して身体的機能の衰えは5～10年遅延しており、高齢者を75歳以上とし、65歳から74歳を准高齢者と位置づけた。また、内閣府の調査でも、60歳以上の市民を対象とした調査では、高齢者を65歳以上と認識している者は少なく、70歳以上といった意識が全体で約3割を占めている。

　そして、2018年2月16日に閣議決定された「高齢社会対策大綱」によれば、70代まで現役で働くなど、就労意欲のある者が年齢にかかわらず働き続けら

152

れる社会環境を目指すことが打ち出された。最近、公表された健康寿命も男性72.14歳、女性74.79歳と前回調査時よりも引き上がっている。

(2)　年金受給開始年齢の引き上げが見え隠れ

しかし、公的年金制度においても、現行の65歳以降の繰り下げ制度よりも、さらに70歳以降の受給も選択できる制度の導入を視野に入れた政府方針を見過ごすことはできない。

70代まで非正規雇用ながらも働き続ける高齢者を増やし、できるだけ年金給付開始年齢を引き下げてもらいたいという政府の意図が見え隠れする。確かに、65歳を過ぎても元気で働き続けられることは理想であるが、年金給付開始年齢は65歳と認識している人は大半であろう。実際、2016年厚生労働省の資料によれば繰り下げ支給者の割合は国民年金総受給者のうち僅か1.4％にしか過ぎず、逆に65歳より早期に受給する繰り上げ支給者の割合は34.1％だ。

それらの背景には、若干、高齢者の就業率が上昇しているとはいえ、それらが普遍化されていない実態が考えられる。2017年の65歳〜69歳の就業率は42.8％と半分に満たず、70歳〜75歳にいたっては25％と激減する。しかも、65歳までの再雇用制度は定着されたと社会では認識されつつあるとはいえ、2017年の60歳〜64歳の就業率は63.6％にとどまり、政府は2020年に67％まで引き上げるといった目標数値を掲げるにすぎない。

(3)　健康寿命と労働可能年齢は？

高齢者であっても働き続け、社会保障制度を支える人をひとりでも増やすことは重要であろう。しかし、健康寿命が伸びたとしても、70代まで働き続ける社会が普遍化するとは考えにくい。しかも、年金支給開始年齢を70歳以降も繰り下げる高齢者は皆無に近いと考える。つまり、高齢者就業形態と年金制度とは分けて議論すべきである。

健康であっても、65歳以上の全てが雇用を継続できる身体的状況か否かは分からない。働いて賃金を得るには、緊張感や集中力といった一定の心身状態が求められる。単に日常生活で健康だからといって、必ずしも雇用を継続できる状態とは言い難い。

153

第8章　働き方改革と社会保障制度　～高齢者雇用・外国人材受入れ等に関連して～

　仮に70歳まで年金支給開始年齢を引き下げれば、65歳以上の者が無理して働くケースが増えてしまい、結果として20～30歳代の正規雇用枠を縮小させてしまう懸念も考えずにはいられない。現在、若者の正社員の機会が減少しているといった問題も指摘されつつあり、さらに深刻化させる要因となりかねない。

　一般的に65歳までの雇用は普遍的になりつつあるが、それ以降の雇用情勢は個人によって差があるため、安易に健康度の度合いと年金問題を絡めて議論すると、高齢者及び若者に大きな影響を及ぼす可能性を忘れてはならない。

4　移民の議論も必要だ

(1)　外国人労働者への期待

　昨今、労働力不足の解決策として、外国人労働者が注目を浴びている。既に、「外国人技能実習制度」として、「研修」と位置付けながらも「労働」力の代替として機能しているのは周知の事実である。日本企業で外国人が働きながら多様な技能を学ぶ研修という名目ながら、実態は日本人が就きたがらなかったり、人手不足だったりする労働分野の補完として機能しているからだ。

　劣悪な環境と低賃金で外国人労働者を都合よく日本社会が活用していると海外からの批判も少なくなく、米国務省からは「強制労働」と指摘されたこともある。

　政府のデータによると、2012年末で技能実習生の数は15万人超に上り、同年に約6万8千人が新規に入国している。その多くは、機械・金属や繊維・衣服、食品製造などの各種工場などで単純作業に従事しているとみられる。

　こうした分野や農業など幅広い職種で人手不足は深刻になっており、技能実習生は産業全体に不可欠の存在になっているのだ。

(2)　外国人技能実習制度の問題

　政府も「少子化対策」をはじめとして様々な手を打っているが、減少が続く労働力人口を回復させるのは難しい。

しかも、2018年度からは人材難が深刻化している「介護分野」でも、技能実習制度が導入され、ますます外国人介護士への期待が高まっていくだろう。

しかし、技能実習生が働く現場では、一部、法改正され是正されてはいるものの、未だ「人権」を軽視するような扱いや賃金の不払い、劣悪な住環境といった問題がたびたび指摘される。しかも、送り出し機関などに支払う「手続き費用」「研修費用」のために、一定の借金をして来日している人も未だ少なくない。いわば債務者として日本で働くため、その立場は非常に弱いのだ。

このまま「研修」という曖昧な形で外国人労働者を受け入れ続ければ、国際社会からの批判が高まる一方であろう。さりとて外国人の協力なくしては、いずれ日本経済は立ちゆかなくなるとも考える。

⑶　移民政策に舵を切れるのか？

そうであれば選択肢は二つしかない。一つは労働力不足を補う「移民政策」の導入に踏み出すか、そして二つ目は日本社会が経済・社会の縮小を受け入れ、それなりの生活水準や環境に適応する覚悟を決めることである。しかし、筆者は後者の選択は日本社会全体では受け入れることは難しいと考える。

もっとも、このまま「外国人技能実習制度」といった曖昧な労働政策を継続するよりも、外国人労働者の人権や労働権を担保とした「移民政策」を決断するしかない。確かに、「移民政策」には、多くの問題があり、移民者の社会保障費の問題など、必ずしも「労働力」向上といった側面だけではない。移民者の生活保護費やシングルマザーなどの子育て費用など、彼（女）らの保障費を工面することも考えねばならない。

また、「移民政策」によって、一部、治安が悪化するのではないかとの不安を抱える日本人も多く、外国人労働者に対する嫌悪感は否定できない。

しかし、移民政策を拒否して、労働力だけ確保するといった施策は、日本社会の「御都合主義」であり、国際社会では認められないであろう。一定程度、条件を整備しながら「移民政策」を決断して、外国人労働者の人権にも配慮した施策が求められる。外国人技能実習制度は、日本社会特有の「本音」と「建前」の文化であり、国際的には通用しないと考える。

今後、日本社会は外国人労働者の位置づけを曖昧にせず、しっかりと「人権」

第8章　働き方改革と社会保障制度　～高齢者雇用・外国人材受入れ等に関連して～

を重視しながら移民問題も真剣に考えていく必要がある。

5　子育て・介護にやさしい働き方

(1)　テレワーク雇用

　2018年2月16日に閣議決定された「高齢社会対策大綱」によれば、70代まで現役で働くなど、年齢にかかわらず働き続けられる社会環境を目指すことが打ち出された。2017年の65歳～69歳の就業率は42.8%と半分に満たず、70歳～75歳にいたっては25%と激減する。しかも、65歳までの再雇用制度は定着されたとはいえ、60歳～64歳の就業率は63.6%にとどまる。

　その打開策の1つとしてICTを活用した「テレワーク雇用」の普及が挙げられる。既に他章でも述べているが、必ずしも決まった時間に出退社せず、時間や場所を有効に活用できるメリットがある。日々、満員電車に乗らず通勤負担が軽減され、65歳を過ぎても働き続けられる可能性が高くなる。2016年度のテレワーク制度等に基づく雇用型テレワーカーの割合は7.7%に過ぎないが、政府は2020年には倍増させていく方針だ。

(2)　介護離職と待機児童問題

　もっとも、テレワーク雇用の促進は現役世代にとっても有益である。現在、総務省の資料によれば身内の看護や介護のために「離職」する人が年間10万人という。筆者が介護現場で働いていた時期、親の「介護」のために仕事を辞めた娘は「通院や朝夕の食事の支度・買い物など、フルタイムでは日中ヘルパーを頼んでも限界だ」という言葉を思い出す。もし、テレワーク雇用が可能で10時～16時の会社勤務が許されていれば、その娘は「介護離職」せずに済んだかもしれない。

　また、待機児童など保育園不足が都市部を中心に深刻化しているが、日中、10時～16時勤務が常態化されることで、必ずしも長期間預かってもらう保育園を探さずに済む。現在、文部科学省の資料によれば幼稚園であっても「預かり保育」といった9時から17時まで預かる園も増えている。

156

確かに、業種によって難しい側面はあるが、テレワーク雇用の促進は高齢者の就業人口を増やすだけではなく、介護離職防止や待機児童問題解消の1つの切り札となりえるのではないだろうか。

6 晩産化は介護と子育てが重なる

(1) 共働き社会への対応

男女共同参画の進展によって、女性の「晩婚化」「晩産化」傾向が加速化している。2014年では女性が第一子をもうける平均年齢は30.6歳、第二子となると32.4歳となっている。また、女性が子を産む年齢別割合において35歳以上が27.6%を占めている。このまま「晩産化」傾向が加速化していけば、18歳〜22歳といった大学生の子を持つ親世代は50歳を超えるのが当たり前となる。

なお、18歳人口に占める大学、短大、高専、専門学校といった高等教育機関への進学率は、2013年では80%となっており、親の子育てに関する不安としても「大学等の教育費」との回答が68.9%を占め、就学前教育費等34.8%、小中高の学校教育費31.5%を大きく引き離している。

(2) 親の介護問題

いっぽう50歳を超えると、自分の親世代も70歳を超え、「介護」というリスクが間近に迫る。実際、70歳〜74歳において介護が必要となる要介護率は6.3%を占めるが、75歳〜79歳となると13.7%と倍以上となる。しかも、さらに年齢を重ねる度に、その割合が高くなっていく。

つまり、「晩産化」は、必然的に自分の親の介護と、子供の教育費問題が同時にふりかかる層を増やすことになる。私は、彼（女）らを「介護・子育て族」と呼びたい。しかも、50代以上の世代は、繰り返しになるが、親の介護のために自分の仕事を辞めなければならない「介護離職」といった問題にも直面せざるを得なくなる。

しかし、日本の財政事情が厳しい状況から、一部、日本の社会保障給付費約115兆円のうち高齢者関連費が約7割を占めていることから、その割合を見直

第8章　働き方改革と社会保障制度　～高齢者雇用・外国人材受入れ等に関連して～

して少子化対策といった子育て支援に費用を回すべきではないかとの議論が根強くある。いわば「高齢者には、少し、我慢をしてもらって、未来のある子供に限られた財源をまわそう」というのである。

⑶　孫への負担

　もっとも、高齢者関連費用を削減して少子化対策費に振り替えれば、言うまでもなく「介護」関連サービスが削られてしまい、結果的に50歳以上の「介護・子育て族」が直に介護に携わるか、もしくは有料老人ホーム等の利用を視野に入れながら、親への仕送りを強化しなければならなくなる。

　そうなれば、孫世代である20歳前後の高等教育機関へ進学した人達にとっても、親の支援金が減額され、自らアルバイトなどを増やして家計を助けなければならなくなる。

　つまり、高齢者関連費から少子化対策費への振り替えは、避けなければならない。たとえ、この先、社会保障給付費に占める高齢者関連費用の割合が高くなろうと、間接的に孫世代にも影響を及ぼしていくことから、少子化対策への財源確保は、別途、他から賄うべきである。

7　まとめ

⑴　真の意味での働き方改革

　もはや忘れている人も多い「プレミアムフライデー」だが、民間シンクタンク（EY総合研究所）の試算によれば、金、土、日の2.5日分を考慮すれば、消費需要額増は年間3,253億円とされている。生産誘発効果や付加価値誘発効果をも含めると、年間5,000億円の経済効果が期待されるという。

　そもそも「プレミアムフライデー」とは、政府と経済界が「働き方改革」を目指してキャンペーンを実施しているもので、一定程度、仕事を休むことで心身をリフレッシュさせ、併せて外食、旅行、娯楽などに時間を割いてもらうことで「内需」を喚起させることにある。

158

⑵　働き過ぎといわれてきた日本社会

　2014年の日本人1人あたりの年間労働時間は平均1,729時間とされている。西欧諸国と比べると、2014年イタリア1,734時間、アメリカ1,789時間、イギリス1,677時間、スウェーデン1,609時間、フランス1,473時間、ドイツ1,371時間と、日本は中間的な位置づけとなっている。

　日本人は「働き過ぎ」と評されてから、徐々に祝祭日も増え、ようやくこの段階となった。しかし、さらに労働時間を短縮させていくには、どうしても24時間営業といった経済活動の見直しなくして不可能であろう。

　私は、毎年、ドイツの福祉現場を視察しているが、土曜及び日曜視察は不可能だ。年間労働時間がもっとも短いドイツでは、土曜及び日曜は労働日ではないため、一切、現場視察を受け入れてくれない。

⑶　利便性の高い社会を省みる

　ドイツでは、多少、従来と比べ規制は緩和されているものの小売店では日曜日及び祝祭日において店を開けることが制限される「閉店法」が存在する。もちろん、観光地などの飲食店などは除外されるが、日曜日ドイツの街並みを散策すれば多くの小売店が休日となっていることに気づくであろう。

　そもそも「利便性」の高い社会とは、その分、誰かが働いていることになり、必ずしも総じて労働時間が短縮されるわけではない。仮に、先の「プレミアムフライデー」の創設によって、内需が拡大されれば、従来と比べ外食、旅行、娯楽部門などでは働く人達の労働時間を増やすことになる。いわば「働き方改革」による効果と内需拡大とは、必ずしも両立するとは限らない。実際、日本ではコンビニ24時間営業や宅配便などの時間指定などで、人手不足による限界論が浮上している。この点は第1章で指摘している通りである。

　いわば日本人の「働き方改革」を実現させるには、24時間営業といった利便性の高い社会システムを見直して、多少、不便性の受け入れを覚悟しなければ難しいのではないだろうか。

あとがき

　本著は、題目の通り、働き方改革関連法によって職場はどのように変容し、そして、どのように対応すべきか、具体的に解説したものである。

　働き方改革関連法は、かつての労働法制にはなかった、使用者・人事労務管理者に対して激変的な法規制と緩和を行うものである。労働法務や人事労務の現場では早急に対応していかなければならない。その前提として、①使用者による「働かせ方」（「企業風土」を含む）の意識の改革、②労使間（労働組合の対応を含む）におけるバランスの良い「働き方」の認識の共通化が不可欠であり、この２点を前提として、働き方改革関連法に基づく具体的な取組みが促進されるべきものと考える。

　ところで、世間の耳目を集めた働き方改革関連法案の審議は、種々の政治的な情勢等によって各改正点の個別的な審議は希薄となった。また、立法段階において裁量労働制に関する基礎データの異常数値問題等もあって法案自体が流動的になったものの、最終的には加速度的に可決して成立に至った。そうした経緯もあって、本著の執筆期間が著しく短期間となり、各執筆者の先生方には大変御迷惑をおかけした。

　したがって、執筆内容について、各章ごとのニュアンスの不統一や解釈上の誤り、説明の不足がある可能性も否定できない。この点はすべて編著者の責任にあることを付記しておきたい。読者の方からの本著に対する忌憚のない御示唆をいただき、真摯に受け止めたいと考えている。

　今後、働き方改革関連法に付随した省令等が制定され、実務運用に影響を及ぼし、法規定と実務との乖離が生じる場合もあろうかと思われる。この点、衆議院及び参議院の各委員会の附帯決議により数多くの指摘がなされている通り、仮に働き方改革関連法によって実務上の副作用が生起するのであれば、個々の国民（労働者）のみならず、労働組合等によって、労働基準法や雇用対策法等の各法の見直しに向けた発信をすべきであろう。

　「働き方改革実行計画の決定は、日本の働き方を変える改革にとって、歴史的な一歩である。」（第10回働き方改革実現会議（平成29年３月28日）における安倍晋三総理発言）としながらも、その後の国会審議は一括法案であるため

161

に、個別の法律に関する審議が十分でないまま働き方改革関連法は制定された。働き方改革関連法が「規制強化」と「規制緩和」を織り交ぜた法的性格を有するからこそ、労働法務や人事労務との齟齬を来す場合には、はたして誰のための「働き方改革」なのか、という点に原点回帰しつつ、「働く人の視点に立った働き方改革」(「働き方改革実行計画」(平成29年3月28日決定))であるかどうかを見極め、国民(労働者)一人ひとりが働き方改革関連法の「監視役」として、今後の議論を見守る必要があろう。

　本書が、読者にとって働き方改革関連法を理解する上で、その一助となれば幸甚である。

　平成30年6月

日野　勝吾
結城　康博

≪執筆者一覧≫

◎は編著者

◎第1章　日野　勝吾（淑徳大学　コミュニティ政策学部　コミュニティ政策
　　　　　　　　　　学科　准教授／内閣府国民生活局企画課、消費者庁消
　　　　　　　　　　費者制度課（旧企画課）、（独）国民生活センター紛争
　　　　　　　　　　解決委員会事務局等を経て現職）

　第2章　日野　勝吾（同　上）

　第3章　日野　勝吾（同　上）

　第4章　金綱　　孝（特定社会保険労務士／淑徳大学　非常勤講師）

　第5章　赤堀　基樹（特定社会保険労務士）

　第6章　石川浩一郎（弁護士（千葉県弁護士会）／NPO法人消費者市民サポー
　　　　　　　　　　トちば理事／消費者行政充実ネットちば事務局次長）

　第7章　中島　順隆（弁護士（千葉県弁護士会）／消費者問題委員会副委員
　　　　　　　　　　長（消費者教育部会部会長）

◎第8章　結城　康博（淑徳大学　総合福祉学部　社会福祉学科　教授
　　　　　　　　　　／新宿区役所等を経て現職）

よくわかる働き方改革
人事労務はこう変わる

2018年7月25日　第1刷発行
2019年7月25日　第5刷発行

編　著　　日野　勝吾・結城　康博

発　行　　株式会社**ぎょうせい**

〒136-8575　東京都江東区新木場1-18-11
電　話　編集　03-6892-6508
営　業　03-6892-6666
フリーコール　0120-953-431

URL：https://gyosei.jp

〈検印省略〉

印刷　ぎょうせいデジタル㈱　　　　　　　Ⓒ2018 Printed in Japan
※乱丁・落丁本はお取り替えいたします。

ISBN978-4-324-10526-9
(5108447-00-000)
［略号：働き方改革］